# 大单元视域下初中语文写作序列建构

郑晓玲 著

海峡出版发行集团 ｜ 海峡文艺出版社

## 图书在版编目(CIP)数据

大单元视域下初中语文写作序列建构/郑晓玲著.
—福州:海峡文艺出版社,2024.8
ISBN 978-7-5550-3839-9

Ⅰ.G633.342

中国国家版本馆CIP数据核字第20247BL231号

**大单元视域下初中语文写作序列建构**

郑晓玲　著

**出 版 人**　林　滨
**责任编辑**　林　颖
**出版发行**　海峡文艺出版社
**经　　销**　福建新华发行(集团)有限责任公司
**社　　址**　福州市东水路76号14层　　邮编　350001
**发 行 部**　0591—87536797
**印　　刷**　福州报业鸿升印刷有限责任公司
**厂　　址**　福州市仓山区建新镇建新北路151号
**开　　本**　787毫米×1092毫米　1/16
**字　　数**　171千字
**印　　张**　10.5
**版　　次**　2024年8月第1版
**印　　次**　2024年8月第1次印刷
**书　　号**　ISBN 978-7-5550-3839-9
**定　　价**　48.00元

如发现印装质量问题,请寄承印厂调换

# 自　序

曾有人说，教师不能只读《教师教学用书》。听到这话，我总是不以为然，我觉得作为一名教师能读好教参已经很不错了。每次备课就捧着教师教学用书前前后后翻看几遍，自认为能把教参里的内容讲清楚，让学生掌握好，考试成绩也就八九不离十了吧。

可慢慢地，我发现自己的教学就像走进一条死胡同，没有变化，自己都开始嫌弃自己的课了。在一次福安市的教学培训会上，我聆听了黄厚江老师的一节公开课——《葡萄月令》。这堂课上黄老师和学生的互动很多，他带领学生通过"咬文嚼字"，领悟文字背后的深意。课后的讲座上，黄老师给我们简单介绍了他的教学主张——本色语文。这些都引发了我对语文教学的再思考，之后我买来了黄厚江老师的《语文的原点——本色语文的主张与实践》这本书，也把自己的心得体会写进《语文课堂还语文本色——由案例〈塞翁失马〉引发的反思》这篇文章里。

2017年，不惑之年的我，鼓足勇气主动报名参加了宁德市教师技能比赛，并开始了艰难的准备工作。认真听了几场培训会和专家们的经验传授，我对备战内容还是一头雾水。当时技能比赛主要考查教学设计、片段教学和听评课。为此，我四处寻找优秀课例的书籍。一次在网络上搜到一本由刘远主编的《语文名师经典课堂》，里面收录了黄厚江、王君、余映潮、李卫东等名家的经典课例。买来读完之后，有一种豁然开朗的感觉——原来语文课堂可以这么丰富多彩。接着我把这套书的六本全买齐了，平时备课的时候也会参考其中的课例，有时甚至是依葫芦画瓢。

这些名师的经典课例仿佛在我面前打开了一扇窗，让我看见语文课堂的另一番天地。那段时间，我还阅读了《课例品评的智慧》《听王荣生教授评课》《听徐杰老师评课》等关于课堂评价的书籍。

在阅读、实践、反思中，我对语文教学又有了些许的领悟，也陆续发表了几篇文章。2018年宁德市名师、2019年福建省中小学学科带头人陆续开始遴选培养对象，我都恰好被幸运女神眷顾。我庆幸自己终于能有机会继续学习了。

从2019年到2023年，近四年的省培之路，我感恩福建教育学院及鲍道宏教授带领的教师团队对我的培养。名师引路、同道砥砺……这些都在不断促进自己更加努力成长。其中，收获最大的就是学会主动去看教育理论的书籍。记得刚开始，鲍老师给我们开了书单，看这些难读的"硬书"，我内心还有些抵触，读得也是一知半解。可当听完一场又一场专家讲座之后，我发现要想让自己能在专业素养上得到更多提升，最好的解决办法就是多读教育理论著作。

一回，鲍老师让我们读施良方教授的《学习论》这本书，我真是硬着头皮囫囵吞枣地读完，也没看懂多少。可随着学习不断深入，我发现里面讲述的很多原理、方法对我们的日常教学及论文写作都大有裨益。现在这本书就放在我的案头，我会常常翻看，且常看常新。又有一次，我们的研修点设在泉州外国语学校，见到年逾七旬的潘新和教授，他瘦削的外表令人动容，他的讲座内容更让我肃然起敬。潘教授一直专注于写作教学的研究，且笔耕不辍。《语文：表现与存在》是潘教授呕心沥血、潜心研究多年的成果，书中提到的"言语生命动力学语文教育学理论"和我们今天所提倡的"立德树人"育人目标有一致性。听完讲座，我第一时间买到书。当我手捧这沉甸甸的书时，心想唯有好好读懂书的内容才是对老师最大的敬意。

后来，每次研修学习，我会大量购买、阅读专家推荐的书，尽管很多书现在也还没看完、看懂，但我明白在专业成长的道路上，一定要通过阅读汲取名家典籍中的养分，促进自己成长。

这算是我从教之后，与"书"相识相知相伴的故事吧。那么，接下来我就简略谈谈本书的创作过程。

一直以来，初中语文教学有这样一个怪圈：一方面，人人都知道写作是语文的半壁江山，另一方面，写作教学在日常语文教学中常常被边缘化。不少初中语文教师从教多年，依然不知道如何教甚至不屑教写作。

起初，我也是把作文讲评课当作写作指导课，但慢慢发现效果并不理想，于是在日复一日的教学中边实践边思考，也积累了一些教学经验。2014年，我发表了第一篇关于写作教学的论文《让语文课本成为写作课程的最好教材——人教版初中语文七年级下册写作课探究》。这篇文章完全是自己教学经验的总结（现在看起来有些幼稚），也是对写作教学的有益尝试。文章主要探寻如何将课文阅读教学与写作教学结合起来，这个理念今天看起来也是符合新课标要求的。之后又陆续发表了一些与写作有关的文章：《初中语文阅读教学渗透写作指导的实践与思考》《浅谈人教版语文八年级下册单元写作目标的完成》《仿写为作文教学助力——以新人教版七年级语文下册教材为例》等。

然而，课文范例毕竟不是提升写作教学的唯一途径。一次，厦门教科院的胡卫东老师到我校开讲座，他给我们推荐了王荣生教授主编的包括《写作教学教什么》在内的系列书。《写作教学教什么》这本书收录了王荣生、郑桂华、荣维东、周子房等几位教授关于写作教学的讲座内容。读完之后，我深受启发。"任务驱动是有效的写作学习途径""写作即过程""过程写作关注写作者的思维过程""写作即交流"……这些理念打破我以往固化的写作教学思路，拓宽了我对写作教学的认知。有些内容起初无法理解，于是我就反复多看几遍、多读几遍，大体也能消化吸收了。

由此，我开始关注学生写作的全过程，开始探究如何建立写作教学的序列。2021年，主持省级课题"基于思维发展的初中记叙文写作序列化实践研究"之后，我更注重收集与写作思维、写作序列化有关的研究成果、著作等。比如杜威的《我们怎样思维》、维果茨基的《维果茨基教育论著选》《思维与语言》、钟启泉教授的《深度学习》、荣维东教授的《交际语境写作》等。体现教学与发展内部联系的"最近发展区"概念正是由维果茨基首先引入心理学研究的。"最近发展区"概念强调了教学在发展中的主导性决定性作用，揭示了教学的本质特征不在于"训练""强化"业已形成的内部心理机能，而在于激发、形成目前还不存在的心理机能。因此，只有走在发展前面的教学，才是好的教学……这些教育理念对我的写作教学起到很大帮助。

在鲍老师和新华同学的推荐下，我还努力阅读了彼格斯和科利斯著的《学习质量评价：SOLO分类理论（可观察的学习成果结构）》。SOLO是目前唯一可以比较客观、系统地用来衡量回答的质量，而且为教师和学生所能理解接受的工具。结合SOLO分类理论和日常写作教学的案例，我费时一年完成了课题成果论文《SOLO 分类理论观照下初中写人作文序列化教学策略》（发表在《福建教育》2022 年第 2 期上）。这个过程不仅使我对建立初中写作序列有了信心，也大大提升了我的论文写作水平。

2022 年 4 月 21 日，《义务教育语文课程标准（2022 年版）》正式颁布。"思辨性阅读与写作"作为发展型学习任务群第一次出现在义务教育课标中，也引发语文教育界的普遍关注。努力提升学生的思维品质，发展学生的思维能力，这是新时代赋予我们教师的使命与职责。基于原有的研究成果，我又成功申报了福建省教育科学"十四五"规划 2022 年度常规课题——"新课标背景下初中语文思辨性写作教学策略研究"。该课题研究颇具挑战性，因为从搜集到的文献资料看，针对高中思辨性阅读与写作的研究较为集中，像余党绪老师著的《说理与思辨——高考议论文写作指津》《思辨的力量：批判性思维与思辨读写》《中学生思辨读本》等系列书籍，此外，还有董毓、谢小庆教授等的相关论著。而对初中思辨能力培养及思辨性阅读、写作的研究相对较少，关于具体实施的策略更显不足。我搜集到的资料，主要有石修银教授的《悖离核心素养涵育的非思辨性写作》《初中说理性写作的现状、根源与实施》《表征与矫正：缺失张力的初中说理写作》，何红梅、荣维东教授的《思维与表达——初中思辨写作的困境与突破》等相关论文。在持续的阅读中，我也在思考如何将这些理论运用于初中写作教学。

此时，我刚好任教初三年级，初三上学期的写作教学重点是议论文写作，初三学生存在时间紧、任务重等困难，如何在有限的时间内有序提升学生的议论文写作水平成为老师们面临的难题。为此，我带领课题组成员遵循"大单元"教学的理念，打破以往孤立地、以单元目标为教学目标的教学套路，将两个议论文单元的阅读课文进行整合，梳理出切合课标要求、符合学生实际的写作教学目标，再进行有序的、读写结合的写作训练。通过一个学期循序渐进的写作实践，学生议论文写作的整体水平有明显提升。

当然，思辨性写作并不局限于议论文这一文体，因此，当再次回到初一学段授课时，备课组又开始思考如何在记叙文写作中渗透思辨的指导。《学会记事》是统编版语文七年段上册第二单元的写作内容。无论从教材编排位置，还是从教材内容（学会记事是写人作文的基础）看，写好记事类作文对初中生整个记叙文写作都起着重要的铺垫作用。在记叙文写作中形象思维占主导，备课组结合形象思维发展的三个阶段（物象、意象和语象），设计进阶式写作任务和过程性指导，既促进学生形象、辩证等思维的发展，又提升了学生的记事作文水平。这样，初中记叙文写作中写人、记事的序列建构也都梳理出来了。

"大单元、大任务、大情境"看似是新课标带来的新名词，其实，这些理念在我们的教学中早有渗透，尤其像"新闻写作""撰写演讲稿""诗歌创作"等"活动·探究"单元的写作任务。我校语文组多次尝试进行大单元的整合教学，包括精心设计情境任务、将课文阅读与单元写作进行融合教学、建立过程性评价表等，学生的写作水平在语文实践活动中得到逐步提升。学生的优秀习作还通过学校公众号、作品展等方式进行全方位展示，反响极佳。

正是有了课题的推动、语文组全体同人的共同努力，初中语文写作序列的建构也就逐步完善起来，我把这些研究成果汇集成这本书的内容。当然，本书只是一个阶段性研究成果，恳请各位专家、同人多多批评指正。

随着新课标的实施、新教材的逐步完善，相信有更多的语文教师参与到思辨性写作、写作序列建构的研究中，也期待有更多的成果出现。

# 目 录

**第一章 课标研读：明确目标要求与基本内容** ...... 1
    第一节 初中生写作教学的目标要求 ...... 1
    第二节 学习任务群中的写作内容及评价 ...... 5
    第三节 学业质量中的写作评价 ...... 9
    第四节 践行课标倡导的核心理念 ...... 11

**第二章 教材分析：初中语文统编教材的写作内容** ...... 13
    第一节 初中语文统编教材写作内容编排 ...... 13
    第二节 初中语文统编教材写作内容分析 ...... 20

**第三章 调研实证：初中语文写作教学的现状与问题** ...... 27
    第一节 初中语文写作教学现状的调查 ...... 27
    第二节 初中语文写作教学现状调查的分析与思考 ...... 35

**第四章 理论概述：大单元视域下初中语文写作序列建构** ...... 38
    第一节 "大单元教学"与"写作序列建构"概念评析 ...... 38
    第二节 大单元视域下初中语文写作序列化的实施与价值 ...... 46

**第五章 写作实践一：大单元视域下初中语文记叙文写作序列建构** ...... 51
    第一节 学会写一件事 ...... 51
    第二节 学会写一个人 ...... 62
    第三节 学会抒情 ...... 72
    第四节 学会描写景物 ...... 84

**第六章 写作实践二：大单元视域下初中语文议论文写作序列建构** …… 95
 第一节 初中议论文写作教学的主题提炼与内容确定 …………… 95
 第二节 观点要明确 ………………………………………………… 100
 第三节 议论要言之有据 …………………………………………… 107
 第四节 论证要合理 ………………………………………………… 114

**第七章 写作实践三：大单元视域下初中语文说明文写作序列建构** …… 128
 第一节 准确抓住事物的特征 ……………………………………… 130
 第二节 讲究说明方法 ……………………………………………… 132
 第三节 合理安排说明顺序 ………………………………………… 135

**第八章 课例呈现：实用类文体写作与思辨性写作** ………………… 141
 第一节 "新闻写作"教学设计 …………………………………… 141
 第二节 "撰写演讲稿"教学设计 ………………………………… 146
 第三节 《走进一座城》教学设计 ………………………………… 150

# 第一章

## 课标研读：明确目标要求与基本内容

教学目标是课程目标在学科领域的分解、细化与落实，是教学具体内容时要达到的标准和要求，是分析教学材料、明确教学行为、预期教学效果、进行教学评价、修正教学过程的依据。讨论初中写作教学，首先要回到原点，准确理解初中写作教学的目标要求和基本理念。

## 第一节 初中生写作教学的目标要求

2022年4月21日，教育部颁发布《义务教育课程方案（2022年版）》和16个学科课程标准，明确了各学科育人的方略，绘制了课程育人的发展蓝图。

《义务教育语文课程标准（2022年版）》（以下简称新课标）将语文定位为以"学习国家通用语言文字运用"为首要任务、"综合性与实践性结合""工具性与人文性统一"的课程。新课标还指出：语文课程"应引导学生热爱国家通用语言文字，在真实的语言运用情境中，通过积极的语言实践，积累语言经验，体会语言文字的特点和运用规律，培养语言文字运用能力"，"致力于全体学生核心素养的形成与发展，为学生形成正确的世界观、人生观、价值观，形成良好个性和健全人格打下基础"。

课程标准是国家课程的纲领性文件，是国家对基础教育课程的基本规范和基本要求。厘清新课标对写作教学的目标定位是讨论初中写作教学的前提和基础。

### 一、理解目标、把握任务完成的标准

课程目标属于导向性的规定，主要作用是指明教学的方向，规定教学任务应

该达到的标准。新课标围绕文化自信、语言运用、思维能力、审美创造这四个核心素养共设置了9条总目标。第1条指向"立德树人"的总领目标,后8条两两一组分别对应核心素养的四个方面:第2~3条列述了文化自信的内容与行为表现;第4~5条列述了语言运用的内容与行为表现;第6~7条列述了思维能力的内容与行为表现;第8~9条列述了审美创造的内容与行为表现。

总目标中针对写作教学的表述如下:

> 5.能根据需要,用书面语言具体明确、文从字顺地表达自己的见闻、体验和想法。
>
> 6.积极观察、感知生活,发展联想和想象,激发创造潜能,丰富语言经验,培养语言直觉,提高语言表现力和创造力,提高形象思维能力。
>
> 7.乐于探索,勤于思考,初步掌握比较、分析、概括、推理等思维方法,辩证地思考问题,有理有据、负责任地表达自己的观点,养成实事求是、崇尚真知的态度……
>
> 9.能借助不同媒介表达自己的见闻和感受,学习发现美、表现美和创造美,形成健康的审美情趣。

研读上述语段,可做以下理解:

第5点中,"需要",明确了写作目的("为什么而写")和写作对象("为谁而写")的重要性;"书面语言"强调的是语言风格,相对口语更加规范;"具体明确",是对写作内容的宏观要求,即能够"写清楚";"文从字顺",是对语言的要求,即表意清楚、字句通顺;"见闻、体验和想法"是指向具体的写作内容,要求写见过听过的,亲身经历的,以及自己的认识和思考。

第6、7点主要指向的是思维能力,第6点侧重培养直觉思维和形象思维,提升语言的表现力,第7点"有理有据、负责任地表达自己的观点"是指采取一种理性、客观的态度,表达自己的观点,侧重培养学生的逻辑思维、辩证思维和创造思维。

第9点主要指向的是审美创造,"媒介"一般是指报纸、期刊、书籍、广播、电视、互联网等,"借助不同媒介表达自己的见闻和感受"就是要关心语言文字在网络时代的新变化，了解不同媒介的语言特征，借助声音、文字、图片、影像等多种方式来传播信息。

对比《义务教育语文课程标准（2011年版）》，新课标在强调写作文字要具体明确、文从字顺的基础上，还要求写作能力要与思维能力和谐共融地整体发展，并注重写作教学与审美情趣的密切联系。这的确是顺应了课程深入研究及时代进步发展的需求。

应该说，上述目标较为明确地界定了写作的教学过程标准和写作成果标准，能够对写作教学发挥良好的导向作用。

## 二、细化目标，厘清具体的内容要求

新课标隐去了单独的写作教学板块，将"写作"与"口语交际"合并纳入了"表达与交流"这个内容更加统整的教学板块之中。第四学段(7~9年级)"表达与交流"教学目标表述如下：

1. 注意对象和场合，学习文明得体地交流。耐心专注地倾听，能根据对方的话语、表情、手势等，理解对方的观点和意图。

2. 自信、负责地表达自己的观点，做到清楚、连贯、不偏离话题。注意表情和语气，根据需要调整自己的表达内容和方式，不断提高应对能力，增强感染力和说服力。

3. 讲述见闻，内容具体、语言生动。复述转述，完整准确、突出要点。能就适当的话题作即席讲话和有准备的主题演讲，有自己的观点，有一定说服力。讨论问题，能积极发表自己的看法，有中心，有根据，有条理；能把握讨论的焦点，并能有针对性地发表意见。

4. 多角度观察生活，发现生活的丰富多彩，能抓住事物的特征，为写作奠定基础。写作要有真情实感，表达自己对自然、社会、人生的感受、体验和思考，力求有创意。

5. 写作时考虑不同的目的和对象。根据表达的需要，围绕表达中心，选择恰当的表达方式。合理安排内容的先后和详略，条理清楚地表达自己的意思。运用联想和想象，丰富表达的内容。正确使用常用的标点符号。

6.写记叙性文章，表达意图明确，内容具体充实；写简单的说明性文章，做到明白清楚；写简单的议论性文章，做到观点明确，有理有据；能根据生活需要，写常见应用文。能从文章中提取主要信息，进行缩写；能根据文章的基本内容和自己的合理想象，进行扩写；能变换文章的文体或表达方式等，进行改写。尝试诗歌、小小说的写作。

7.注重写作过程中搜集素材、构思立意、列纲起草、修改加工等环节，提高独立写作的能力。根据表达的需要，借助语感和语文常识修改自己的作文，做到文从字顺。能与他人交流写作心得，互相评改作文，以分享感受，沟通见解。作文每学年一般不少于14次，其他练笔不少于1万字，45分钟能完成不少于500字的习作。

上述学段目标第4至第7条，细化了7~9年级写作教学的过程标准和成果标准，涵盖三个方面：写作能力要素、写作形式要求、写作数量和速度要求。各个方面均提出了具体的"教学任务完成的标准"，对教学实践有较强的指导意义，三个方面涉及的具体要求如表1-1所示。

表1-1　第四学段写作教学目标的具体内容

| 项目 | 具体内容 |
| --- | --- |
| 写作能力要素 | 1.多角度观察生活，发现生活的丰富多彩，能抓住事物的特征，为写作奠定基础。写作要有真情实感，表达自己对自然、社会、人生的感受、体验和思考，力求有创意。<br>2.注重写作过程中搜集素材、构思立意、列纲起草、修改加工等环节，提高独立写作能力。<br>3.写作时考虑不同的目的和对象。根据表达的需要，围绕表达中心，选择恰当的表达方式。合理安排内容的先后和详略，条理清楚地表达自己的意思。运用联想和想象，丰富表达的内容。正确使用常用的标点符号。<br>4.根据表达的需要，借助语感和语文常识修改自己的作文，做到文从字顺。能与他人交流写作心得，互相评改作文，以分享感受，沟通见解。 |

续表

| 项目 | 具体内容 |
| --- | --- |
| 写作内容要求 | 写记叙性文章,表达意图明确,内容具体充实;写简单的说明性文章,做到明白清楚;写简单的议论性文章,做到观点明确,有理有据;能根据生活需要,写常见应用文。能从文章中提取主要信息,进行缩写;能根据文章的基本内容和自己的合理想象,进行扩写;能变换文章的文体或表达方式等,进行改写。尝试诗歌、小小说的写作。 |
| 写作数量和速度要求 | 作文每学年一般不少于14次,其他练笔不少于1万字,45分钟能完成不少于500字的习作。 |

从写作能力要素的角度来看,写作教学目标涉及写作前、写作中和写作后三个阶段:写作前注意观察和积累,明确写作的目的和对象;写作中围绕中心,选择恰当的表达方式,合理安排内容的先后和详略,写出真情实感;写作后能与他人交流写作心得,互相评改作文,分享感受。

从写作内容要求看,新课标继续延用2011年版课标对记叙文、说明文、议论文三类文体的写作要求,即写记叙文要达到"表达意图明确、内容具体充实",会写简单的说明文、议论文,还要学会缩写、扩写和改写。此外增加了创意写作,比如诗歌和小小说。

对四个方面做纵向梳理可以发现,义务教育阶段四个学段的写作关注点按照"句—段—篇—体"的序列不断提升,在写作能力上呈现出"想写—写清楚—写具体—写创意"的进阶要求。各学段目标以实现课程总目标为旨归,依据各学段学生的发展需求和特点制定,体现了彼此联系的一致性和递进发展的进阶性。从这个角度看,新课标正在逐步建构起学生写作能力发展的体系性目标,旨在引导学生的写作能力在不同学段的循环训练中螺旋上升,层层积累,最终达成目标。

## 第二节 学习任务群中的写作内容及评价

新课标对语文课程内容进行了重大革新,新增了六个贯穿四个学段的语文学习任务群。语文学习任务群由相互关联的系列学习任务组成，共同指向学生的核心素养发展，具有情境性、实践性、综合性。无论是基础型、发展型还是拓展型学习任务群，都将写作作为了其必不可少的学习内容，如图1-1所示。

| 层面 | 类别 | 任务群名称 |
|---|---|---|
| 一 | 基础型学习任务群 | 语言文字积累与梳理 |
| 二 | 发展型学习任务群 | 实用性阅读与交流 |
|  |  | 文学阅读与创意表达 |
|  |  | 思辨性阅读与表达 |
| 三 | 拓展型学习任务群 | 整本书阅读 |
|  |  | 跨学科学习 |

图1-1 新课标学习任务群

下面就第四学段学习任务群中的写作内容及评价加以阐释。

1. "实用性阅读与交流"学习任务群的写作内容概述

该学习任务群紧扣"实用性"特点，体现语文课程重视"实践性"的价值取向。"发现、欣赏、表达和交流家庭生活、学校生活、社会生活和大自然的美好，热爱生活，感恩生活。"写作指导时，教师要引导学生关注社会，结合日常生活的真实情境开展叙事性和说明性文章的写作。可以围绕"拥抱大千世界""创造美好生活""科学家的故事""数字时代的生活""家乡民俗探究"等主题，倡导开展跨媒介的阅读与交流活动。教师要引导学生充分利用数字资源和信息化平台，提高语言理解与运用能力，逐步增强语言表达准确性、规范性。

写作评价方面，应注重三点：（1）注重学生在真实生活情境中语言运用的实际表现，围绕个人生活、学校生活、社会生活中阅读与交流的实际任务进行评价。（2）注重实用性文本的特质，注意表达的目的、对象、情境以及交流效果，注意内容明确、条理清晰、语言简明，注意应用文的基本格式和行文规范。（3）切实推进"教—学—评"的一致性，考查学生把阅读经验转化为写作经验的能力。

2. "文学阅读与创意表达"学习任务群的写作内容

文学作品是具有独创性的智力成果，主要包括诗歌、散文、小说和戏剧四种化建设；在参与过程中写出策划方案，制作海报，记录活动过程，运用多种媒介发布学习成果。

写作评价方面，可从以下几个维度：（1）表现性评价。主要以学生在各类探究活动中的表现，以及活动过程中完成的方案、海报、调研报告、视频资料等学习成果为依据。（2）多元主体评价。教师可以针对主要学习环节和内容制定评价量表，邀请相关学科教师、家长、社会人士参与评价。（3）评价以鼓励为主，既充分肯定学生的发现和创造，又引导学生自我反思提升，不断提高跨学科学习的质量。

综合起来看，各个学习任务群都有涉及写作教学内容，但发展型三个学习任务群专设了交流与表达项目内容，可见，写作教学主要属于于发展型学习任务群的教学内容。教师在教学过程中需要将内容具体细化到三个不同的发展型学习任务群中，梳理出写作教学的具体序列，在系统的序列中再细化到每一级段和每一学期，使我们的初中三年的写作教学有序递进，呈现出螺旋式上升的趋势。

## 第三节 学业质量中的写作评价

学业质量是新课标的新增内容，这是学业质量首次进入义务教育课程标准。学业质量的加入，充分体现了课程标准科学实证的研制路径，以学生在实际测试中的真实表现，反映核心素养在四个学段的真实发展水平。

语文课程学业质量标准是以核心素养为主要维度，结合课程内容，对学生语文学业成就具体表现特征的整体刻画。依据义务教育四个学段，按照日常生活、文学体验、跨学科学习三类语言文字运用情境，整合识字与写字、阅读与鉴赏、表达与交流、理与探究四类语文实践活动，描述学生语文学业成就的关键表现，体现学段结束时学生核心素养应达到的水平。其中包含对学生写作水平和写作能力发展的具体要求，为评价学生的写作水平和能力提供了基本依据。

在第四学段（7~9）年级的语文学业质量描述中关于写作部分表述如下：

日常生活：能多角度观察生活，抓住事物特征，选择恰当的表达方式，合理安排详略，条理清楚地表达自己的感受和认识。

　　文学体验：能与他人分享自己阅读文学作品获得的对自然、社会、人生的有益启示，能借鉴他人的经验调整自己的表达，能根据需要运用积累的语言进行口头或书面表达；能通过口头或书面方式，向他人推荐中华优秀传统文化经典、革命文化和社会主义先进文化作品。

　　跨学科学习：能用多种媒介形式沟通交流；能围绕学习活动开展调查，用文字、图表、图画、照片等形式呈现学习成果。

　　学业质量描述的是学生完成课程阶段学习后的学业成就综合表现，体现了核心素养形成的内在逻辑和学生身心发展的一般规律，突出了问题导向和任务导向，对学生在教学影响下发生的质的变化进行了实证检验，为教学设计、实施和评价提供参照标准。

　　学业质量中与写作有关的部分与课程目标构成了相互呼应的关系，如课程总目标第7条要求学生"有理有据、负责任地表达自己的观点"。那么，"有理有据"具体表现在哪些方面呢？在第四学段的目标"表达与交流"中就提到"合理安排内容的先后和详略，条理清楚地表达自己的意思"。学业质量标准中就相应地描述到"记录探究过程，归纳概括自己的发现，条理清晰地呈现问题解决的过程""能有条理地列出发言提纲，用论文、演讲、策划书等形式发表研究成果"。在此，标准从总目标到学段目标，再到学业质量，逐一落实，从"有理有据"到"合理安排先后""详略""条理清楚"，再到"条理清晰""有条理地列提纲""发表成果"。

　　因此，学业质量对写作部分的规定性描述为教师明确了教学目标，详细说明了学习者能做什么、能做多少，做到什么程度，以证明他们掌握了学业质量所要求的成就水平。这有助于学校和教师评估学生在原有水平之上的纵向发展，也使教师依标而"教"，学生依标而"学"成为可能。

　　新课标除了在课程目标、学段目标、学习任务群和学业质量四个部分对义务教育阶段的写作教学进行了较为详细的阐述之外，还在课程性质、评价建议等部分多处涉及写作教学的相关内容。由此可见，写作教学在整个"新课标"中体现着不可或缺的重要性。

## 第四节　践行课标倡导的核心理念

初中阶段是学生学习和运用国家通用语言文字的关键期，写作作为语文学习的重要组成部分，是学生思维发展、语言运用、审美价值和情感表达等方面能力的集中反映，对于学生的未来发展与生活实践具有重要意义。帮助学生运用语言文字表情达意，我们需要关注和践行哪些具体的核心理念？只有准确地把握新课标倡导的写作教学核心理念，实践方能有据可依，有章可循。

以下是从课程理念的角度理解写作教学的具体指导性原则。

1. **立足学生核心素养发展，充分发挥语文课程写作教学中的育人功能**

根据新课标中语文教学的具体指导性原则，在写作教学中，我们必须要围绕立德树人这个根本任务，充分发挥其独特的育人功能和奠基作用，以促进学生核心素养发展为目的，在具体的表达与交流教学与训练中，面向全体学生，突出基础性，使学生初步学会运用国家通用语言文字进行交流沟通，吸收古今中外优秀文化成果，提升思想文化修养，建立文化自信，德智体美劳得到全面发展。

2. **根据语文学习任务群，写作教学也必须跟随课程的阶段性与发展性展开教学活动**

在具体的写作教学中，要根据学段特征，突出不同学段学生核心素养发展的需求，体现连贯性和适应性，因此，统筹梳理和安排写作教学序列就有其实践的价值性。

3. **课程内容设置具有很强的时代性和典范性**

具体写作教学中，更要体现时代性和典范性。在具体的序列写作教学中，引导学生充分吸收语言、文学研究新成果，关注数字时代语言生活的新发展，体现学习资源的新变化，体现时代特色和适应性。

4. **课程实施的情境性和实践性对写作教学尤为重要**

这就要求我们在写作教学中要指导学生不断地进行学习方式变革，引导学生写作训练要从生活实际出发，给学生创设丰富多样的情境，设计富有挑战性的实践任务，激发学生的好奇心、想象力、求知欲、创作欲。在指导学生习作训练过程中，引导学生注重积累，勤于思考，乐于实践，勇于探索，养成良好的写作习惯。

同时，在写作训练中，还要关注个体差异和不同的思维方式，在习作中鼓励自由表达。

**5.倡导语文课程写作评价的过程性和整体性，重视写作评价的导向作用**

写作评价要有利于促进学生学习，改进教师教学，全面落实语文课程写作教学目标。写作教学中，应根据不同年龄学生的学习特点和不同学段的学习目标，选用恰当的评价方式，抓住关键，突出重点，加强写作评价的整体性和综合性。要加强写学对学生写作过程的指导。"写作过程"指的就是写作的"全过程"。面对写作任务，教师要树立全过程指导的意识，设计全过程指导的方案，帮助学生在合适的写作过程中高质量完成写作任务。根据写作认知过程的理论，在写作准备阶段，要激发学生写作动机和兴趣，并通过各种途径让学生收集可用的社会资源、生活资源和学校资源来确定自己的写作方向。写作过程中，根据写作目的和潜在的读者完成文字表达，在完成写作任务后，指导学生反思、修改和提升。

还要注重评价主体的多元和互动，以及多种评价方式的综合运用，充分利用现代信息技术促进评价方式的变革。

# 第二章

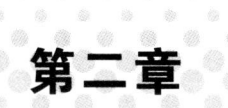

## 教材分析：初中语文统编教材的写作内容

教材是依据课程标准编制的系统反映学科内容的教学用书，是课程标准的具体化。2017年开始使用的初中语文统编教材凸显"写作专题"，采取独立编排的方式，在写作的活动性、指导性等方面，相比以往教材都有很大的突破。教师要认真研读教材，深入理解教材写作专题的编写意图，有效地指导学生写作。

## 第一节 初中语文统编教材写作内容编排

初中语文统编教材写作内容在编写的过程中，突破了既有的模式，以"写作专题"为主，并以"阅读"部分的写作、综合性学习中的写作、名著导读中的写作辅之，既突出依照序列螺旋上升式培养学生关键写作能力的理念，又践行了写作教学要与阅读教学、综合性学习等相互促进的理念，充分而全面地认识初中语文统编教材的写作内容编排，有助于增强初中学段写作指导的有效性。

一、写作专题

统编教材编写专家组深入调研，精心编写写作部分的教材，经过广泛论证拟定了36个写作训练点。教材充分考虑了学生年龄特点和写作知识之间的内在逻辑，采取分点布局的编排体例安排在不同年级、不同单元里。现作如下表2-1所示整理。

表2-1 初中统编教材写作训练点

| 册次 | 第一单元 | 第二单元 | 第三单元 | 第四单元 | 第五单元 | 第六单元 |
| --- | --- | --- | --- | --- | --- | --- |
| 七年级上册 | 热爱生活 热爱写作 | 学会记事 | 写人要抓住特点 | 思路要清晰 | 如何突出中心 | 发挥联想和想象 |

续表

| 册次 | 第一单元 | 第二单元 | 第三单元 | 第四单元 | 第五单元 | 第六单元 |
|---|---|---|---|---|---|---|
| 七年级下册 | 写出人物的精神 | 学习抒情 | 抓住细节 | 怎样选材 | 文从字顺 | 语言简明 |
| 八年级上册 | 新闻写作 | 学写传记 | 学习描写景物 | 语言要连贯 | 说明事物要抓住特征 | 表达要得体 |
| 八年级下册 | 学习仿写 | 说明的顺序 | 学写读后感 | 撰写演讲稿 | 学写游记 | 学写故事 |
| 九年级上册 | 诗歌创作 | 观点要明确 | 议论要言之有据 | 学习缩写 | 论证要合理 | 学习改写 |
| 九年级下册 | 学习扩写 | 审题立意 | 布局谋篇 | 修改润色 | 戏剧评议 | 有创意地表达 |

依据内容梳理可知，七年级重点培养学生的写作兴趣和良好的写作习惯（如"热爱生活，热爱写作""文从字顺"），在此基础上初步培养写人记事的能力；八、九年级主要有三方面内容：一是文体写作，如"撰写演讲稿""说明事物要抓住特征""论证要合理"等；二是改编式写作，主要是学习仿写、改写、扩写、缩写；三是作文程式学习，包括"审题立意""布局谋篇""修改润色""有创意地表达"等内容。

## 二、"阅读"部分的写作

阅读与写作被称为语文教学的双翼。初中语文统编教材非常注重阅读教学与写作教学之间的联系，注重读写结合，注重迁移运用。通过对统编教材的研究，教材中"阅读"部分课文后面设置的写作任务如下表2-2所示。

表2-2 初中语文统编教材"阅读"部分后置写作任务

| 册次 | 课文 | 课文后设置的写作任务 |
|---|---|---|
| 七年级上册 | 《春》 | 发挥想象，另写一些比喻句来描绘春天 |
|  | 《济南的冬天》 | 借鉴课文的某些写法，就你家乡冬天的风景写一个片段。注意抓住特点来写，不少于200字 |
|  | 《从百草园到三味书屋》 | 描写一处景物，用上"不必说……也不必说……单是……"这个句式，并注意合理安排描写的顺序，运用多种描写方法。200字左右 |

续表

| 册次 | 课文 | 课文后设置的写作任务 |
| --- | --- | --- |
| 七年级上册 | 《植树的牧羊人》 | 我们所处的社会中也有很多默默"种树"的人,他们以非凡的毅力、辛勤耕耘,种植着希望和幸福。你认识或听说过这样的人吗?试为他写一段文字,记录他的事迹,并写出你的评价和感受 |
| | 《狼》 | 发挥想象,将本文改写成一则白话故事。注意充实内容,增加对人物语言、动作、心理等的描写 |
| | 《皇帝的新装》 | 尝试将这篇童话改编为课本剧并表演 |
| | 《天上的街市》 | 仰望星空,你会有什么新奇的联想和想象?选择一个天体(如星星、月亮),发挥联想和想象,写一首小诗 |
| | 《寓言四则》 | 任选课文中的一则寓言,或以前读过的寓言(如《塞翁失马》《智子疑邻》等),重新设计情节,赋予其新的寓意,把它改写成一篇新的寓言 |
| 七年级下册 | 《叶圣陶先生二三事》 | 叶圣陶先生关于写文章要简洁的观点,对你有启发吗?拿出自己最近写过的作文,看看有没有累赘的地方,做些修改 |
| | 《伟大的悲剧》 | 下面摘录的是这封信的一部分,阅读后结合课文内容,写一篇阅读笔记 |
| 八年级上册 | 《三峡》 | 翻译课文的中间两段,把原文和自己的译文都朗读一遍,边读边体会它们不同的语言特点 |
| | 《短文两篇》 | 从两篇短文中任选其一,发挥想象,将其改写成一篇白话散文 |
| | 《白杨礼赞》 | 写作时恰当使用象征手法,可以让读者咀嚼回味,给人留下深刻的印象。试选取你熟悉的某个事物,赋予它一定的象征意义,完成一次片段写作 |
| | 《苏州园林》 | 借鉴本文先总说再分别说明的写法,写一段文字,介绍你曾经游览过的一座公园或建筑。注意抓住其主要特点,有条理地进行说明。不少于300字 |
| | 《愚公移山》 | 从下面两个场景中任选其一,以课文相关内容为基础,发挥想象,写一片段。不少于200字 |
| | 《诗词五首》 | 本课诗词中有不少千古传诵的名句,请你任选一两句,发挥联想和想象,描绘你体会到的作品情境 |

15

续表

| 册次 | 课文 | 课文后设置的写作任务 |
| --- | --- | --- |
| 八年级下册 | 《阿西莫夫短文两篇》 | 写一篇小短文阐述你对恐龙灭绝的原因的认识 |
| | 《〈诗经〉二首》 | 下面是对《关雎》第一章的一种翻译，你喜欢吗？另选一章，试着翻译成白话诗 |
| | 《壶口瀑布》 | 反复阅读课文第3、4段，品味其语言的妙处，并试着写段赏析文字 |
| | 《马说》 | 阅读下面的短文，结合课文，写一段文字，谈谈你对人才问题的看法。不少于300字 |
| | 《唐诗三首》 | 任选一首诗，发挥想象，增加一些细节，改写成一则小故事 |
| 九年级上册 | 《敬业与乐业》 | 作者说："我信得过我当木匠的做成一张好桌子，和你们当政治家的建设成一个共和国家同一价值。"对这个观点，你怎么看？写一段议论性的文字，表明自己的看法 |
| | 《就英法联军远征中国致巴特勒上尉的信》 | 雨果是法国人，但对法国的"胜利"没有喜悦，没有赞美，而是站在正义和良知的立场上揭露和批判了这次"胜利"，他这样是不是不够"爱国"？谈谈你的看法 |
| | 《故乡》 | 发挥想象，续写宏儿和水生长大后见面的情景。300字左右 |
| | 《我的叔叔于勒》 | 想象一下，假如菲利普夫妇在船上发现已经成为百万富翁的于勒，他们会有怎样的表现呢？试写一个300字左右的片段 |
| | 《中国人失掉自信力了吗》 | 请以"逆境是否有利于人成长"为论题，组织一次小型辩论会，学习如何确立自己的观点和反驳对方的观点 |
| | 《智取生辰纲》 | 课外阅读《水浒传》中有关杨志的其他回目，结合本文，写一篇《杨志小传》 |
| | 《范进中举》 | 发挥想象，添加细节，将课文改编成课本剧 |

续表

| 册次 | 课文 | 课文后设置的写作任务 |
|---|---|---|
| 九年级下册 | 《祖国啊，我亲爱的祖国》 | 仿照课文，在下面的横线处添加一句，使它们尽可能与原诗句承接紧密，和谐一致 |
| | 《海燕》 | 想象一下：如果海燕要向它们表明自己的心志，它会说些什么？试以《海燕的宣言》为题写一段话 |
| | 《孔乙己》 | 以《鲁迅笔下的看客形象》为题，写一篇小论文 |
| | 《鱼我所欲也》 | 孟子善于运用日常生活中的事例进行类比说理，使抽象的道理变得浅显易懂。学习这种方法，写一段话，说明一个道理 |
| | 《词四首》 | 仿照示例，从课文中另选几处富有表现力的词句进行点评 |
| | 《山水画的意境》 | 运用课文中有关意境的论述，选择一首自己喜欢的古诗词进行赏析 |
| | 《天下第一楼（节选）》 | 阅读《天下第一楼》全剧，从常贵、卢孟实、修鼎新中任选一人，参考示例，写一段人物分析。300字左右 |
| | 《枣儿》 | 联系现实生活，关注社会上出现的空巢老人和留守儿童现象，了解产生这种现象的原因，并谈谈你的看法 |
| | 《出师表》 | 有关诸葛亮的传说、故事、俗语很多。课外搜集有关资料，以《千秋诸葛我评说》为题写一段文字，表达你对诸葛亮的看法 |
| | 《诗词曲五首》 | 《十五从军征》是一首叙事诗。试发挥想象，扩充细节，将这首诗改写成一篇记叙文 |

## 三、综合性学习中的写作

统编教材为突出语文学科的实践性，每册（九年级除外）安排了3次综合性学习，分别为传统文化、语文生活、综合实践。综合性学习可促进学生为语文知识的综合运用、听说读写能力的整体发展，其中也借助写作培养学生学语文、用语文的探究能力和呈现探究结果。笔者做如下表2-3所示的梳理。

17

表 2-3 初中语文统编教材综合性学习中的写作

| 册次 | 综合性学习 | 写作任务 |
| --- | --- | --- |
| 七年级上册 | 有朋自远方来 | 将活动中的自我介绍写成一篇文章,或为你的朋友写一段介绍文字。不少于 400 字 |
| | 少年正是读书时 | 通过课外阅读调查、讨论和分析,你对自己的课外阅读状况有没有一些想法要跟同学、老师分享呢?结合"资料二""资料三",写一篇文章,谈谈你的认识。不少于 400 字 |
| | 文学部落 | 拟出一份班刊策划书,确定班刊的整体框架 |
| 七年级下册 | 天下国家 | 从搜集来的事迹中选取一两个有代表性的故事进行适当地加工。比如,加入一些细节描写,想象人物当时的心理描摹人物的动作、神情。要突出重点,详略得当,并拟个恰当的小标题 |
| | 孝亲敬老,从我做起 | 1.制作宣传海报,海报要突出活动特色和班级特点<br>2.古往今来的孝亲故事是不是也触动了你心底对于父母的感恩之情?结合"资料三""资料四",写一篇文章,谈"孝亲敬老"活动的感受和思考。题目自拟,字数不限 |
| | 我的语文生活 | 仔细品味,模仿这类广告的语言风格,为你喜欢的商品或某一公共场所写一则广告词 |
| 八年级上册 | 人无信不立 | 围绕"诚信"这一话题,写一篇演讲稿 |
| | 我们的互联网时代 | 1.设计一份简单的调查问卷<br>2.制作一本题为《关于散文》的小册子 |
| | 身边的文化遗产 | 1.撰写《优秀文化遗产申请报告》<br>2.以"我与文化遗产"为话题,自拟题目,写一篇作文,谈谈你对文化遗产保护的认识和思考 |
| 八年级下册 | 倡导低碳生活 | 参阅"资料二""资料三",撰写宣传文稿 |
| | 古诗苑漫步 | 编写一本专题诗集(撰写简要的赏析、评点文字;写一篇"前言"或"编后记") |
| | 以和为贵 | 你对中国文化中的"和"一定有了许多新的认识和理解吧。任选一个角度,写一篇作文,谈谈你的收获 |

续表

| 册次 | 综合性学习 | 写作任务 |
|---|---|---|
| 九年级上册 | 君子自强不息 | 1. 找自强不息的人物,撰写采访稿<br>2. 以"自强不息"为话题,撰写演讲稿 |
| | 走进小说天地 | 1. 重新设计人物命运改写小说<br>2. 为小说续写故事<br>3. 穿越时空的对话<br>4. 寻找你周围生活中的小说素材,进行虚构、演绎,编一个故事,或试着写一篇小小说 |
| 九年级下册 | 岁月如歌——我们的初中生活 | 制作一本班史,参考"资料二",撰写班级大事年表、专题作品、班级逸事等。每位同学写一篇"素描"文字介绍自己 |

### 四、名著导读中的写作

此类写作与名著阅读紧密联系,围绕复杂而开放的阅读任务,常常通过写作的方式促进研究性学习,来促进达成深入理解名著、深入研究作品的目的。此类写作的具体文体常常以读书报告、人物小传、小论文等具体文体呈现阅读成果。笔者对这部分写作梳理如下表 2-4 所示。

**表 2-4　初中语文统编教材名著导读中的写作**

| 册次 | 名著导读 | 写作任务 |
|---|---|---|
| 七年级上册 | 《朝花夕拾》 | 写一篇读书报告 |
| | 《西游记》 | 1. 唐僧师徒四人,你最喜欢的是谁?写一篇短文介绍这个人物<br>2. 大胆发挥想象,自己来创作一个取经路上的新故事 |
| 七年级下册 | 《骆驼祥子》 | 1. 写一篇祥子的小传<br>2. 写一篇读书报告 |
| | 《海底两万里》 | 1. 结合小说的内容,写几则航海日记<br>2. 请你根据作品内容,以最后返回陆地的法国生物学者阿龙纳斯的身份,给一个亲密的朋友写一封信,向他介绍尼摩船长其人 |

续表

| 册次 | 名著导读 | 写作任务 |
| --- | --- | --- |
| 八年级上册 | 《红星照耀中国》 | 撰写专题读书报告 |
| | 《昆虫记》 | 观察你喜欢的小动物，学习法布尔的写作技巧，进行仿写 |
| 八年级下册 | 《经典常谈》 | 1.选择《经典常谈》中的一篇深入研读，边读边做好读书笔记，记下重要的事实、主要的观点和自己的心得<br>2.以《读经典的意义》为题写一篇短文，谈谈你的看法 |
| | 《钢铁是怎样炼成的》 | 给保尔·柯察金写一个小传 |
| 九年级上册 | 《水浒传》 | 1.找出其中你最喜欢的一个，记录下他的人生轨迹、英雄事迹和个性特征，为人物写一篇小传<br>2.通读小说，看看这部古典小说在结构、人物刻画、语言等方面具有哪些特点，选择一个角度，写一段赏析文字 |
| 九年级下册 | 《儒林外史》 | 1.写一篇小论文，谈谈你对《儒林外史》讽刺艺术的体会<br>2.选择书中的一个人物，发挥想象，续写他的故事 |
| | 《简·爱》 | 1.为简·爱写一篇人物评传<br>2.观看电影《简·爱》，写一篇观后感；或将小说的精彩片段改编为话剧 |

# 第二节　初中语文统编教材写作内容分析

研读初中语文统编教材的写作内容，对其编写意图和编排体例深入分析，可明确绘制整个初中学段写作教学的蓝图，促进对多样化指导策略的思考，以便根据不同年级学生的写作情况，按照层次性、进阶性、连贯性的原则加强写作指导，实现学生写作水平的提高。

初中语文统编教材以单元组材，除"活动·探究"单元外，每单元的结构基本相同，都由"阅读"和"写作"两大主要板块构成，"综合性学习"与"名著导读"及"课外古诗词诵读"间或安排。整个教材的写作系统由每个单元的写作专题、阅读系统的写作训练、综合性学习的写作训练与名著导读的写作训练组成，按照独立呈现和综合呈现两种方式进行编排，做到"整体结合，有机渗透"。这些写作训练内容的安排本身就是一个有机整体，思路明晰，逐层深入，渐次提升。这对于指导学生进行写作训练，提高学生的写作水平，切实有效，大有裨益。

一、"写作专题"编排分析

1. 整套初中语文统编教材"写作专题"编排分析

初中语文统编教材写作专题，由宏观视之，从培养学生的写作兴趣和良好的写作习惯开始，逐步培养各类文体写作（记叙性文章、说明性文章、议论性文章）和实用类文本的写作（游记、书信、小传等）。整个编排呈现由浅入深、由基础写作能力到特定文体能力螺旋式上升的特点。

七年级重点培养学生的写作兴趣（如七年级上册"热爱生活，热爱写作"）和良好的写作习惯（如七年级下册"文从字顺""语言简明"），在此基础上初步"写出人物的精神""学会记事"培养写人记事的能力（如"写人要抓住特点"等）。

八、九年级的写作内容呈现出以下三个特点：一是注重文体写作，如"新闻写作""撰写演讲稿""学写读后感""说明事物要抓住特征""论证要合理"；二是注重改编式写作，如学习仿写、改写、扩写、缩写；三是凸显作文程式学习，涵盖了写作指导的全过程，如"审题立意""布局谋篇""修改润色""有创意地表达"等专题。

2. 每个单元"写作专题"的编排分析

初中语文统编教材每个单元的"写作专题"由两部分构成：导写短文和写作实践。

"导写短文"的编写特点——读写结合，多角度激发写作思维。

初中语文统编教材注重单元文本阅读与该专题的写作紧密结合。如七年级上册第二单元的写作"学会记事"的"导写短文"部分，先引导学生回顾本单元课文《散步》是怎样把事情写清楚的，再让学生填写思维图表，这样由感性思维上升到理性思维，最终提炼出"怎样把事情写清楚"的写作知识。联系本单元课文来学习写作知识，体现读写结合的指导思想，符合学生学习写作的规律。

初中语文统编教材从多个角度激活学生的写作思维：如七年级上册第一单元

的"热爱生活，热爱写作"，引导学生联系自己的生活体验，调动写作思维；八年级下册第三单元的写作"学写读后感"，指导学生借鉴其他同学写的读后感提纲来激活自己的思维；九年级下册第二单元的写作"审题立意"，利用"头脑风暴"的方法指导学生进行发散思维，先分析比较，后选择一个既新颖又自己能够驾驭的主题进行构思创作……鲜活多样的方式，能充分调动学生的生活和阅读积累，激发其写作热情，初步建构写作的思维图式，从而有效解决了"写什么"的问题。

写作实践的编写特点——搭建支架，渐进式过程指导。

每个单元的写作实践共设置三项写作任务，由易到难，由浅入深。第一项写作任务常常设计一个"小活动"，激发学生的写作兴趣，调动其生活经验。有时是提出几个具有导向性的问题，引发写作前的思考，实现本专题"写作知识"向"写作实践"过渡，对写作框架有个"谋划"，拟制提纲图表；有时是写一个二三百字的片段或反思以前的作文片段等。这样的设计给学生提供支架，引导他们喜欢上写作。

每项写作任务都有2~3个"提示"，结合具体的作文命题做出具有针对性的详细指导。这些提示作为作文的方法支架和程序支架，为完成此次作文做了强有力的支撑和指导。多种写作任务的设置也为学生提供了选择的空间，易于调动学生写作的积极性。从另一个角度来讲，这也是对学生的尊重，利于精准实施差异化教学，利于培养学生的个性化表达。因此，初中语文统编教材精心设计的写作指导贯穿于每个环节，引导和促进学生高质量地开展写作实践活动，快速形成写作能力。

二、其他三类写作内容的编排分析

初中语文统编教材以各单元的"写作专题"为主，同时适时设置"阅读部分"的写作、综合性学习中的写作、名著导读中的写作。这三类写作内容各具特点，训练目标各有侧重。

1."阅读"部分的写作内容分析

"阅读"部分的写作内容，即紧扣"阅读"部分的课文，在课文后面的"积累拓展"中设置的练笔内容。其特点：

（1）篇幅短小。课后的练笔少则一两句话，多则一段话，200~300字，易于课堂练笔，可称之为"微写作"。它们零散地点缀于"阅读"中。虽任务小，但给教师以启迪——要培养学生勤于动笔善于动笔的写作习惯。

（2）借鉴写法。之所以这些写作内容随文而练，就是要学生及时迁移运用所学知识，学以致用，尤其是该课所学的写作手法，通过借鉴与仿写，完成微创作，让知识得以内化。

（3）以写促读。课文"积累拓展"中的写作，均基于文本设置练笔，有的是让学生展开联想和想象，丰富人物形象；有的是重新设计情节，赋予其新的意义；有的是对文中的关键语句发表看法或对优美语句进行赏析；有的是让学生变换文体进行创作……其目的在于深化学生对课文内容的理解。

（4）文体多样。课后所附写作内容，练笔形式多样，精致灵动，有续编故事，有人物小传，有课本剧改编，有创写诗句……给人以新鲜感易于激发学生动笔的热情。

2. 综合性学习中的写作内容分析

综合性学习中设置的写作内容，表现出以下两个方面的特点：

（1）以语文实践活动为基础。初中语文统编教材凸显"写作的活动性"，体现这一思想的综合性学习更强调开放性、实践性，积极为学生的语文学习创设情境。如采访自强不息的人物，搜集具有家国情怀人物的故事，调查中学生课外阅读情况等。教材引导学生贴近生活，注重实践，从而获得真实的第一手资料，为将活动实践的过程及结果形成书面文稿奠定了基础。

（2）指向具体文体的写作。初中语文统编教材设置的综合性学习，将写作任务置于具体情境中，利于指导学生明确真实的写作目的、面向真实的读者对象、针对性解决实际问题而进行交际性写作。如拟出班刊策划书，制作海报，设计调查报告，撰写宣传文稿，制作一本班史等。按照具体实践活动的需要，应以相应的文体来呈现，所以综合性学习中的写作有助于文体意识的形成。

3. 名著导读中的写作内容分析

初中语文统编教材注重对"名著导读"的编写，强调"阅读方法""阅读策略"的指导，凸显对"专题探究"的精心编排。在"专题探究"中，设计有一定的"写作内容"，其特点表现为：

（1）以写促读。"名著导读"的重心在"读"，提出"写"的任务是为了促进阅读，促进对名著的深度学习，加深对名著的深入理解。如《海底两万里》"专题探究"中设置的写作任务："请你根据作品内容，以最后返回陆地的法国生物学者阿龙纳斯的身份，给一个亲密的朋友写一封信，向他介绍尼摩船长其人。"这一写作任务引导学生带入角色，进入交际情境，实现写作内容的转化。

（2）写作层级逐渐递升。初中语文统编教材根据学生的身心发展状况推荐名著，同理，"名著导读"中的写作设计也遵循了学生的身心发展规律，训练层次由低到高，不断提升学生的文学审美能力。同样是以"人物形象"为主的小说，七、八年级要求为祥子写一篇小传、为保尔·柯察金写一篇小传，到九年级则要求为简·爱写一篇人物评传。七、八年级阅读《朝花夕拾》《骆驼祥子》《红星照耀中国》时，写作内容是撰写"读书报告"；九年级阅读《儒林外史》时，则有"写一篇小论文"的写作内容，引导学生由感受名著情节内容层面递升至对名著思想内容的思辨理解层面。

### 三、统编教材写作内容整体编排分析

初中语文统编教材写作内容包括四部分：独立的单元写作专题、阅读课文后的写作、综合性学习中的写作、名著导读中的写作。若把这四类写作内容整合为一个有机联系的写作系统，从整体来看，其编排特点有以下几方面：

#### 1.专题序列化

从宏观的角度来看单元"写作专题"，七年级主要侧重于培养学生的写作兴趣与良好的写作习惯，以及初步的写人记事能力；八年级侧重于各种实用文体的写作；九年级侧重于议论类文章的写作、改编式的写作及写作程式的提升。由此看来，统编教材构建的序列是符合学生的认知规律的，是遵循写作指导规律的，由易到难，循序渐进。

从微观的角度来看，初中语文统编教材写作内容形成由多线构成的立体写作系统：（1）写作内容上，大致循"事—人—物—情—理"的序列；（2）写作基础技能上，遵循"思路要清晰——如何突出中心——怎样选材——发挥联想和想象——学习抒情——抓住细节"的序列；（3）语用能力上，遵循"文从字顺——语言简明——语言要贯——表达要得体"的序列；（4）思维层级上，遵循"记事写人——学习仿写——小诗创作——有创意地表达"的序列；（5）实用文体上，

遵循"新闻写作——学写传记——学写读后感——撰写演讲稿——学写游记——学写故事——戏剧小评论"的序列；（6）议论性文章写作上，遵循"观点要明确——议论要言之有据——论证合理"的序列；（7）改编式写作上，遵循"学习仿写——学习缩写——学习改写——学习扩写"的序列；（8）写作程式上，遵循"审题立意——布局谋篇——修改润色"的序列……

上述梳理与表述不见得十分科学，但其内在的逻辑联系还是显而易见的。初中语文统编教材讲究系统规划和统筹安排，并非让每个序列独立"组块"，一块一块地进行训练，而是呈螺旋式上升的编排，交互穿插，逐层递进，逐步提升写作能力。

2. 螺旋上升式

初中语文统编教材遵循螺旋上升式的编排理念。如同样是写人，七年级上册第三单元的写作为"写人要抓住特点"，七年级下册第一单元的写作为"写出人物的精神"。同样是写景物，八年级上册第三单元的写作为"学习描写景物"，八年级下册第五单元的写作为"学写游记"。这就不单单是写景了，还要融入文化内涵。再如记事，七年级上册第二单元的写作为"学会记事"，侧重指导条理清楚地记事；七年级下册第三单元"抓住细节"的写作实践三则要求在此基础上，生动具体地描写细节；八年级下册第六单元的写作"学写故事"则要求虚构故事进行创作，写作实践三要求"要让情节有些波澜""使故事情节更加生动、曲折、感人"，难度进一步加大，思维进一步复杂。螺旋上升式编排的意图是，就一个写作内容进行多次数、多角度、多层次的训练，体现初中语文统编教材写作指导"注重实践过程"的理念。

3. 融合发展性

读写融合发展。读写结合是语文教学的传统思想，也一直是教材编写的原则。阅读是写作的范式，写作是阅读的实践。初中语文统编教材"阅读"部分与"写作专题"在语文要素上紧密联系。如七年级下册第二单元导语中有"要把握课文的抒情方式，体会作品的情境，感受作者的情怀"的要求。《黄河颂》课后"思考探究"中提及"直接抒情""间接抒情"的知识。《谁是最可爱的人》课后"思考探究"中提及"本文具有强烈的抒情色彩，不仅在事实的记叙中饱含感情，有些段落更集中运用了抒情、议论的表达方式"。《土地的誓言》课后"阅读提示"

提及"纷繁的故土景物，强烈的抒情性，是阅读本文时必须关注的"。该单元的写作专题则是"学会抒情"。这样编排，意在引导学生通过阅读建构文章的构思范式，把阅读中习得的核心知识迁移到写作中去，实现读写的迁移，读写的共生，促进"语言建构与运用"素养的发展。

章新其老师在《统编教材写作教学路径探寻》中，把初中语文统编教材中的写作分为两类：把单元"写作专题"中安排的、目标指向提升写作技能的写作称为"技巧写作"，把综合性学习和名著导读中安排的、目标指向为完成研究性、专题性、探究性的学习任务而进行的写作称为"手段写作"。他认为："后者走出了'写作技巧'的狭小领地，走向更广阔的学习生活、社会生活的新空间……'手段写作'深化了写作的价值。"笔者认为两类写作虽然目标指向不同，但教学价值同等重要。

梳理并分析初中语文统编教材中的写作内容，意在使语文教师全面认识初中语文统编教材的写作系统，既要区分各板块写作的功能又要将其视作一个有机的"写作共同体"，进而选择合宜的写作指导方法，使其融合互补，共同作用，以促进学生写作素养的形成与提升。

# 第三章

## 调研实证：初中语文写作教学的现状与问题

随着新课标的落地以及初中语文统编教材的全面投入使用，各校语文写作教学的改革也在稳步进行。本章意从调研实证的角度揭示写作课目前存在的问题，分析思考其成因。

## 第一节　初中语文写作教学现状的调查

为了深入了解一线初中语文教师写作"教"与"学"的现状与问题。笔者于2023年4月对宁德市部分初中校116名语文老师及3所学校的1615名初中生进行了问卷调查，尽量保证调查对象的多元化，最大限度地保证问卷结果的科学性与代表性。本次问卷调查的内容涵盖了对"大单元"理念的看法、统编初中语文教材使用、写作教学的方式方法等。

### 一、关于初中语文写作教学中"教"的现状调查

参加本次问卷调查的教师主要以宁德市两所公立校和一所私立校的初中语文教师为主，其中既有执教10年左右的中青年教师，更有25年以上教学经验丰富的骨干教师，也有刚入职不到3年的新教师。

1.您授课的年级　【单选题】

| 选项 | 小计 | 比例 |
| --- | --- | --- |
| 初一 | 34 | 29.31% |
| 初二 | 33 | 28.45% |
| 初三 | 49 | 42.24% |
| 本题有效填写人次 | 116 | |

2. 您的教龄 【填空题】

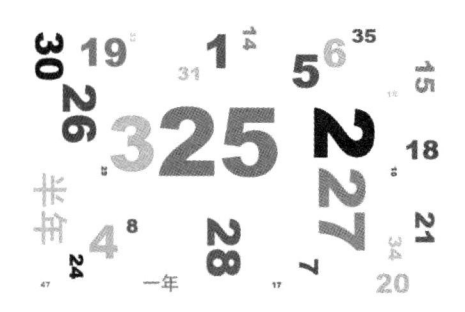

（词云图：325、227、30、26、19、1、14、5、6、35、31、15、18、21、28、4、8、24、47、一年、半年、7、17、34、20）

3. 您所在的学校是 【单选题】

| 选项 | 小计 | 比例 |
| --- | --- | --- |
| A.城镇 | 105 | 90.52% |
| B.农村 | 11 | 9.48% |
| 本题有效填写人次 | 116 | |

4. 您是否会以作文书或其他参考资料来代替教材中的写作系统？ 【单选题】

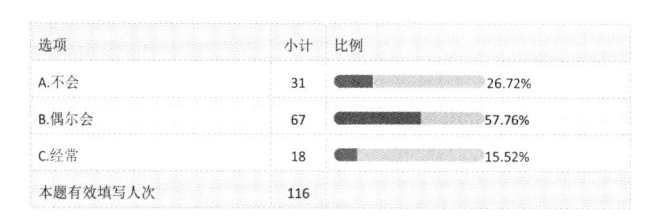

| 选项 | 小计 | 比例 |
| --- | --- | --- |
| A.不会 | 31 | 26.72% |
| B.偶尔会 | 67 | 57.76% |
| C.经常 | 18 | 15.52% |
| 本题有效填写人次 | 116 | |

5. 您能够根据学生实际和写作资源，提炼目标并设计写作活动和任务吗？【单选题】

| 选项 | 小计 | 比例 |
| --- | --- | --- |
| A.能 | 41 | 35.34% |
| B.偶尔能 | 54 | 46.55% |
| C.有想，但做不到 | 21 | 18.1% |
| D.不能 | 0 | 0% |
| 本题有效填写人次 | 116 | |

6. 您会在写作教学中会创造情境让学生进行真情实感的写作吗？ 【单选题】

| 选项 | 小计 | 比例 |
| --- | --- | --- |
| A.经常会 | 43 | 37.07% |
| B.偶尔 | 67 | 57.76% |
| C.不会 | 6 | 5.17% |
| 本题有效填写人次 | 116 | |

7. 您在写作教学中是否会将单元写作训练要求和该单元的课文结合起来讲解？ 【单选题】

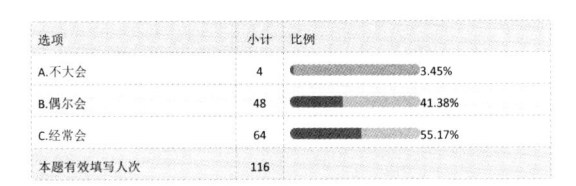

| 选项 | 小计 | 比例 |
| --- | --- | --- |
| A.不大会 | 4 | 3.45% |
| B.偶尔会 | 48 | 41.38% |
| C.经常会 | 64 | 55.17% |
| 本题有效填写人次 | 116 | |

8. 您是否会关注除了教材写作板块之外的阅读练习、综合性学习、名著导读等板块来帮助写作？ 【单选题】

| 选项 | 小计 | 比例 |
| --- | --- | --- |
| A.会 | 64 | 55.17% |
| B.偶尔 | 51 | 43.97% |
| C.从不 | 1 | 0.86% |
| 本题有效填写人次 | 116 | |

9. 您对于阅读课文的课后练笔是如何处理？ 【单选题】

| 选项 | 小计 | 比例 |
| --- | --- | --- |
| A.全部都详细讲解，并让学生完成写作 | 6 | 5.17% |
| B.有所选择地讲解，并让学生完成写作 | 104 | 89.66% |
| C.不做讲解，让学生课下自己完成 | 2 | 1.72% |
| D.很少关注课后练笔 | 4 | 3.45% |
| 本题有效填写人次 | 116 | |

10. 您在学生写作过程中是否会进行巡堂指导或是课下找学生面批？ 【单选题】

| 选项 | 小计 | 比例 |
| --- | --- | --- |
| A.经常 | 59 | 50.86% |
| B.偶尔 | 56 | 48.28% |
| C.从不 | 1 | 0.86% |
| 本题有效填写人次 | 116 | |

11. 下发批改好的学生作文后，您的做法？ 【单选题】

| 选项 | 小计 | 比例 |
| --- | --- | --- |
| A.让学生自行订正修改 | 47 | 40.52% |
| B.讲评后再次复批作文 | 61 | 52.59% |
| C.仅要求不合格的重写 | 8 | 6.9% |
| 本题有效填写人次 | 116 | |

12. 您会指导学生建立有关写作的评价量表吗？ 【单选题】

| 选项 | 小计 | 比例 |
| --- | --- | --- |
| A.经常 | 20 | 17.24% |
| B.很少，但有尝试 | 80 | 68.97% |
| C.没有，也不知道怎么指导 | 16 | 13.79% |
| 本题有效填写人次 | 116 | |

13. 您对初中三年的写作教学有系统规划或思考吗？ 【单选题】

| 选项 | 小计 | 比例 |
| --- | --- | --- |
| A.有自己的规划 | 42 | 36.21% |
| B.有考虑，但不知道怎么规划 | 70 | 60.34% |
| C.没有想过 | 4 | 3.45% |
| 本题有效填写人次 | 116 | |

14. 您目前在初中语文写作教学中遇到的最大困难是什么？ 【单选题】

| 选项 | 小计 | 比例 |
| --- | --- | --- |
| A.自身缺乏有效的写作教学方法 | 38 | 32.76% |
| B.学生基础太差 | 15 | 12.93% |
| C.教学时间太紧，写作课时间太少 | 63 | 54.31% |
| 本题有效填写人次 | 116 | |

15. 您每学年大致参加过几次教学培训？（教育教学类培训） 【单选题】

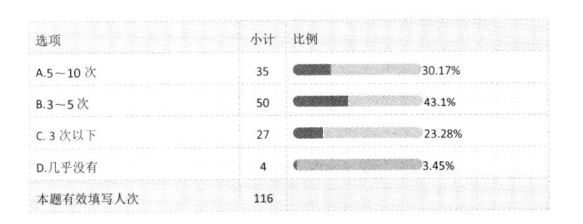

| 选项 | 小计 | 比例 |
|---|---|---|
| A.5~10次 | 35 | 30.17% |
| B.3~5次 | 50 | 43.1% |
| C.3次以下 | 27 | 23.28% |
| D.几乎没有 | 4 | 3.45% |
| 本题有效填写人次 | 116 | |

16. 您有主动阅读关于写作教学的书籍或报刊吗？ 【单选题】

| 选项 | 小计 | 比例 |
|---|---|---|
| A.没有 | 5 | 4.31% |
| B.经常 | 52 | 44.83% |
| C.偶尔 | 59 | 50.86% |
| 本题有效填写人次 | 116 | |

## 二、关于初中语文写作教学中"学"的调查

参加本次调查的学生以我校初中部三个年级36个班级学生为主，还有部分本市其他学校初一、初二学生参与。共发放学生问卷1800份，收回有效问卷1615份，有效率为89.7%。

1. 你每天的课外阅读时间是多少？

**第1小题**

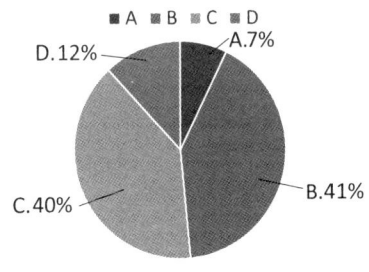

- A.7%
- B.41%
- C.40%
- D.12%

A.2小时以上　　B.1小时左右　　C.30分钟以内　　D.基本没有

2. 你每学期课外阅读书的数量是？

### 第2小题

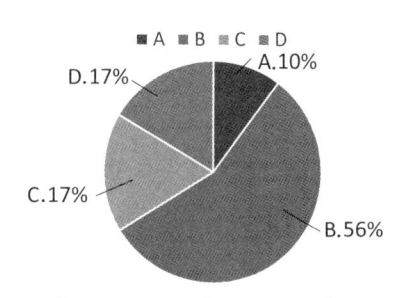

A.1本以下　　B.1-3本　　C.3-5本　　D.5本以上

3.你平时会主动练笔吗（写完不用上交给老师的）？

### 第3小题

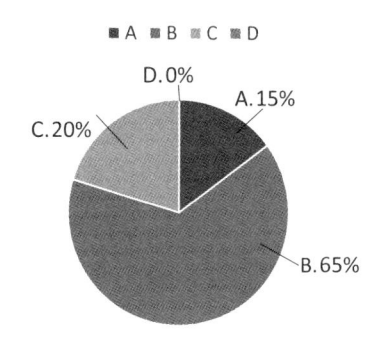

A.经常　　B.偶尔　　C.从不

4.你在写作课上，是否能够与生活实际建立联系并产生情感体验（因此喜欢写作）？

A.经常　　B.偶尔　　C.从不

### 第4小题

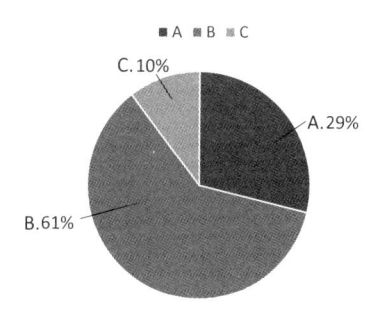

5.你对语文老师上写作课的模式感兴趣吗?
　A.非常感兴趣　　B.一般　　C.不感兴趣

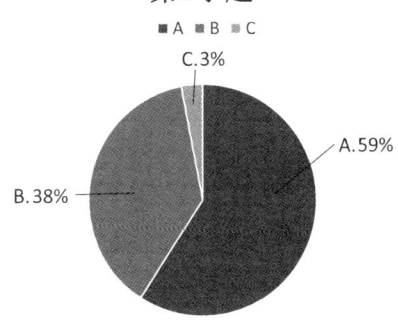

**第5小题**

■A ■B ■C

C.3%
B.38%
A.59%

6.你是否会将语文写作课上学习到的写作技巧运用到写作中?
　A.是,运用得很好　　B.基本会　　C.想用,但用不来　　D.不会

**第6小题**

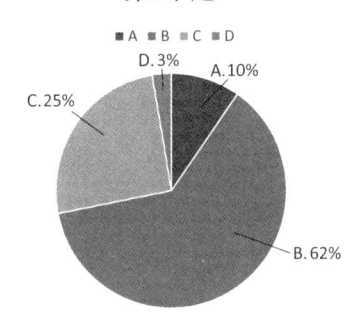

■A ■B ■C ■D

D.3%
A.10%
C.25%
B.62%

7.完成习作后,你是否会主动自我评价或同学之间互相评价?
　A.经常会　　B.偶尔　　C.不会

**第7小题**

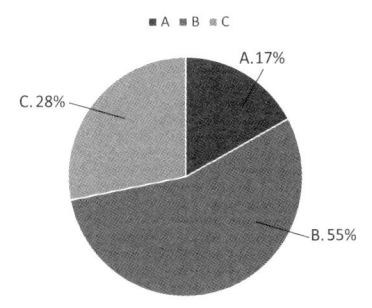

■A ■B ■C

A.17%
C.28%
B.55%

8. 你如何对待老师批改后的作文？（可多选）

A. 关注得分和老师的评语　　　　B. 关注作文存在的突出问题

C. 反思后再次对作文进行修改　　D. 基本不关注

第8小题

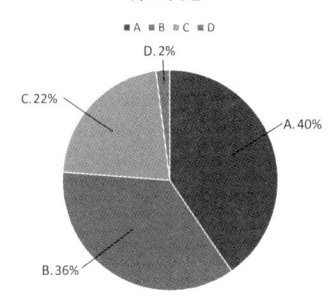

A. 40%　B. 36%　C. 22%　D. 2%

9. 你在写作过程中面临的主要困难是？（可多选）

A. 没有写作素材　　　　　　　B. 审题立意困难

C. 不会写作技巧和方法　　　　D. 作文题目远离生活，没真实感受

第9小题

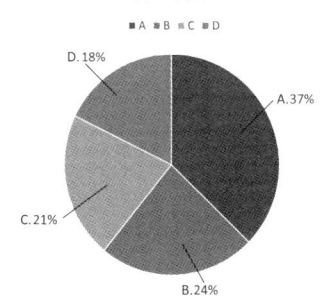

A. 37%　B. 24%　C. 21%　D. 18%

10. 你在写作方面最想得到什么样的帮助？（可多选）

A. 写作前，老师能对这次写作训练的内容及要求进行指导

B. 写作过程中，老师能提供相应的评价表（写作方法）让我们对照着写

C. 写完后，同学间互批互改，同学的意见对我帮助很大

D. 讲评的时候，老师多展示同学们的优秀范文

E. 希望老师能在作文评语里面多写修改意见

F. 希望老师能找我面批，直接告诉我作文怎么改

**第10小题**

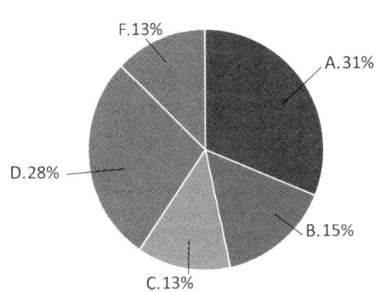

■A ■B ■C ■D ■E ■F

A.31%
B.15%
C.13%
D.28%
F.13%

# 第二节　初中语文写作教学现状调查的分析与思考

以上关于写作教学的调查数据，可以反映目前我市初中语文写作教学的不足之处，也从一个侧面折射出目前初中语文写作教学普遍存在的问题。

一、教师专业知识技能不足，写作教学随意性大

在"您认为在初中语文写作教学中最大的困难是什么"的问题上，三分之一的教师选择了"自身缺乏有效的写作教学方法"，也有近三分之一的教师每学期没有或只参加过3次以下有关教育教学的培训，超过一半的教师没有或偶尔会主动地阅读有关写作教学的书籍或报刊，大多数教师对初中三年的写作教学没有规划。

尽管部分教师意识到"自身缺乏专业的写作教学设计的技能"，但在日常教学中习惯于自己的写作教学风格，不愿在写作备课上下足功夫，不愿主动尝试新的教学方法和策略，对写作教学探索只是浮于表面。据了解，本市多所学校的语文教研组对写作没有明确统一的要求和计划，这也导致各班级在写作教学上进度和计划有所不同。教师个人的教学把控决定了一个班级的写作教学水平。

由此看来，很多语文教师在写作教学上各自为政，写作教学没有系统性。加上教师自身的不足，直接导致目前初中语文教学课堂普遍存在低效甚至停滞不前的问题。

二、教材资源整合不足，写作资源利用不充分

在调查中，我们发现，近一半的教师很少或不会将教材单元写作训练要求和阅读范文结合起来讲解。43.97%的教师对于教材中"名著导读"和"综合性学习"

板块，偶尔会与写作教学进行结合。而有15.5%的教师常常利用作文书或其他参考资料来代替教材中的写作系统。这就说明多数教师存在不懂有效整合写作资源、利用教材不充分甚至荒废教材内容的问题。

语文教师作为语文教材的先行者，就要有对教材内容进行把控的能力，即能根据学生实际和教学资源确定自己的教学内容。教材内容并不等同于教学内容，教师要学会将教材中的写作资源进行整合，如阅读板块中的"思考探究"，名著导读板块的"专题研讨"……这些都可以成为写作训练的落脚点。另外，还可以有选择地使用单元写作实践部分设置的三个不同梯度的写作练笔等。

教师在写作教学时，若仅凭自己以往的经验，随意增减教学内容、对调单元的教学顺序，在教学时只估计到正在教学的那一单元的内容，无法与前后知识形成联系与配合。缺乏教学内容的前后关照，没能真正领悟教材编者的设计意图，就会导致学生对教材的理解和运用不足，使学生无法习得写作知识和技能，最终造成学生写作难的困境。

### 三、学生阅读和写作训练不足，写作能力较弱

根据学生的调查显示，学生在阅读方面积极性不高。12%的学生一天中基本没有时间进行阅读，40%的学生一天仅有半个小时的阅读时间。一个学期能够阅读3本以上书籍的学生数只占1/3，学生没有足够的时间和空间开展阅读，写作素材的积累无从谈起。

在写作训练方面，对阅读课文的课后练笔，多数教师是有选择地讲解并让学生完成，5%左右的教师不进行讲解，只让学生课后自己完成。这也容易导致学生完成课后练笔的随意性大，达不到读写结合的效果。另外，对"名著导读""综合性学习"等板块的写作专题，有近一半的教师很少整合、利用这些资源进行写作教学，很多只停留在简单布置任务这一层面。

当前初中生的生活主要集中在学校生活中，社会活动的机会很少，要么就是局限于家庭生活。时间和空间上被制约，学生的生活积累和真情实感的表达机会可谓少之又少，加之网络对学生写作兴趣的影响，很多学生不愿意写作，不愿意开动脑筋。因此，缺少大量的阅读和练笔机会，导致很多学生在写作过程中没有写作素材，更不会恰当运用写作技巧和技能，写出真情实感的文章了。

## 四、缺乏写作情境，写作课堂落实方式单一

写作源于生活，学生的写作源于对生活的体验，没有从生活情况出发的写作，如无本之木，无源之水。根据学生和教师的调查显示，61%的学生在写作课堂上不能经常与生活实际建立联系，并产生情感体验，还有10%学生在课堂上从来不能够与生活实际建立联系。19%的教师不能根据学生实际和写作资源提炼目标，设计写作活动和任务，46.5%的教师也只能偶尔做到。因此，教师在写作教学中，未创造情境，学生则很难写出真情实感的习作。

在日常写作教学中，身边很多教师多是凭借经验和感觉走按照"写作知识讲解+写作练习"的模式走，写作程序机械化。还有教师只是一味按照课本零散的训练点进行教学，碎片化的讲授写作知识，没有把知识按一定的逻辑串起来。三分之一的学生无法将语文写作课上学习到的写作技巧运用到写作中，41%的学生对写作课的模式不感兴趣。学生为了完成任务而写作，空洞的套用写作技巧和方法，缺少真情实感的融入。这样的做法既没有综合考虑写作教学的需要，也没有从全局上观照写作对于提升学生核心素养的作用。

## 五、缺乏过程性指导和评价，系统反馈不及时

根据教师的问卷调查结果反馈，有67.24%的教师注重对学生写作前的知识讲解，但近一半的教师在学生写作过程中，偶尔甚至从不进行巡堂指导和课下面批，40.52%的教师在下发批改的好的学生作文后，选择让学生自行修改。让学生自行修改，学生无法真正意识到自己作文上的问题，特别是对写作能力欠缺的学生；有老师仅让写作不合格的学生进行重写，这对有能力写的更好的学生而言，便止步于"合格水平"；没有二次批改，学生的习作没有得到根本性的提升……这些都是教师缺席指导学生写作全过程的表现。

在对学生的问卷调查中，学生对教师批改后下发的习作，只有36%的学生能关注到作文存在的突出问题，也只有22%的学生能够反思并对作文进行修改。习作完成后，绝大多数学生很少主动自我评价或者同学相互评价。作文评价方式单一，很多还是由教师一个人包办批改，无法体现教学评价的多元化。

教师对学生习作某个过程的关注度，会影响到学生对自己习作的重视度，只有教师在写作的各个部分进行有效指导，学生才能够跟着老师的节奏去实践、改进。因此，教师要重视提升写作的过程性指导和写作评价系统的建立。

# 第四章

## 理论概述：大单元视域下初中语文写作序列建构

一提到写作指导课，很多教师想到的是问题分析、范文展示、技法总结等教学活动，想到的是学生完成写作任务后如何点评，如何改正学生的问题并帮助他们修改完善。这些确实是写作指导课应该考虑的内容，但不是全部。从宏观的视角看，我们首先要关注写作指导课教学的整体序列；从微观的视角看，我们还要思考写作指导课具体的教学内容与组织形式。

## 第一节 "大单元教学"与"写作序列建构"概念评析

### 一、从"单元教学"到"大单元教学"

回顾我国语文教学发展脉络，我们可以看到，20世纪以来语文教育界对"单元教学"的深入探索为"大单元教学"的发展奠定了坚实基础。

单元教学存续了上百年，是语文教科书的编写日常，属于舶来品，肇始于19世纪末20世纪初的欧美"新教育运动"。1922年，梁启超先生针对"中学生国文程度低落"的全国大讨论，将文章的组合编排、一组组地引入语文教学；随后邰爽秋发表《设计教学法》，提倡"文学的大单元做学习的中心"。两位先生的主张启动了我国语文现代教育史上第一次以单元教学理论为指导的教学探索。自20世纪20年代，语文教科书一般都是以"单元"进行组合、编排，其编写方式常因时代所倡导的教学理念和主编的个性主张而有所差异。单元教学是一种典型的以教程为中心的课程形态。在20世纪80年代涌现诸多典型单元教学模式。比如，吴心田"四步骤多课型语文单元教学"、钟德赣"五步三课型反刍式单元教学法"、宁冠群"六环节四步单元教学法"等。2001年新课程改革至今，我们对单元教学的探索也从未停止。我们长期围绕教材单元开展实践探索，逐渐形成一种单元教学就是教材单元教学的认知。

大单元理念在国外较早出现，20世纪初，比利时教育家德可利将教学内容按一定的标准进行分类重组，形成不同的单元，这一教学方式被认为是大单元教学的雏形。杜威、克伯屈等教育家还陆续提出了有关"大单元"教学理念、"单元教学法"、"单元教学模式"等教学实践方式。从学理层面来看，大单元教学继承了单元教学的基因，融合了系统论、控制论、信息论，以及布卢姆"掌握学习"、巴班斯基"最优化教学"、桑代克"学习迁移"、格式塔心理学"整体论"等教育思想。从实践层面来看，大单元教学借鉴了国外著名的单元教学经验，比如杜威"单元教学模式"、克伯屈"设计教学法"、莫礼生"单元教学法"。

对于国内来说，大单元教学的研究起步较晚，直到崔允漷教授在2019年率先提出，教学设计应从一个知识点或课时设计转变为一个大单元设计。"大单元"中的单元是一种整体的学习单元，一个单元就是一个完整的学习事件或故事，是在完整的任务驱动下，围绕目标、内容、实施与评价的完整的学习事件。这种完整的学习事件包括素养目标、课时、情境、任务、知识点等。徐鹏在《核心素养语境下的大单元教学反思》一文中指出，大单元教学的"单元"不是"教材单元"，也不是"内容单元"，而是一种"学情单元"，根据课标要求、教材的内容和学生的学情而确定。可见，大单元教学是依据学科课程标准，聚焦学科课程核心素养，围绕某一主题或活动（大概念、大任务、大项目），对教学内容进行整体思考、设计和组织实施的教学过程。

同时，国内语文教育界也积极开展基于教材单元体系的本土实践，在倡导发展学生语文核心素养的今天，我们需要追问：与过去的单元教学相比，大单元教学融入了哪些新元素？

在新课程理念下，大单元教学着眼于"大"字，从"大处"着眼，进而从"大处"着手。大单元可以是单元教材中呈现的单元，也可以是视实际情况依据课程标准对教材重组形成的新的单元。大单元不再是原有知识点的简单相加，而是最小的课程单元，能够满足不同学生素养发展的要求，大单元的结构化，不仅是知识、技能的结构化，更是教学活动的结构化、问题的结构化。这里的结构化，是基于深度学习的理念，在大概念、大任务、大情境的统领下，整个大单元教学活动的整合化、条理化、纲领化。在教学活动中，教师不再只盯着知识点、考点，而应"左顾右盼、上挂下连"，从课内课外到校内校外，视野从学习领域扩大至生活领域，真正实现陶行知先生"生活即教育"的教育观。它是落实学科核心素养、实现学科育人的基本单位和重要路径。

如何理解大概念？格兰特·威金斯和杰伊·麦克泰格在《追求理解的教学设计》中认为：就是一个概念、主题或问题，它能够使离散的事实和技能相互联系并有一定意义。可以说，大概念是一种高阶思维的呈现样态，所折射的是一种整体层面的、系统科学的认知方式。一个大单元，没有大概念的统领，一篇篇文本就可能只是浅显地关联，不能被深度组织起来，教学的只是碎片化知识，学生不能深度迁移和运用。

如何理解大任务？大任务是把学习内容安排在典型的学习场景之中，由一个贯穿始终的大任务来统领、驱动，围绕目标、内容、实施与评价进行的"完整的学习事件"，而不再是按照一个一个知识点来组织教学。

如何理解大情境？大情境是指整个单元的教学情境，即整个单元的教学都发生在同一个真实的生活大情境之中，并将学生暴露于自然的问题情境中，完全区别于用来导入新课的碎片化情境。通过创设真实的生活情境，激活学生的生活经验，激发他们学习的动机和兴趣，让他们能够围绕生活中真实的问题、真实的任务去学习和探究。

因此，大单元教学一定要立足于课程整体理念和思维。一个大单元教学活动就是一个学习事件，在大单元教学中，要基于课程核心素养的目标，用大概念去统筹单元学习内容，用大任务、大情境去启动单元学习，为学生提供充分的探究体验的过程，培养其正确价值观、必备品格和关键能力，形成良好的核心素养。具体来看，大单元教学是以大概念、大任务、大情境开展相关的学习活动，以整体的目标任务为驱动力，依据课程标准，将教材单元转化为大单元，围绕大单元主题，抓住核心大概念，促进学生迁移应用，设计大作业，发展学生的课程核心素养。

很多研究指向如何使用"大单元"理念来进行指导教学实践。例如，戴晓娥从实践教学的角度出发，从大单元、大情境、大任务、新环境和新教学这几个方面提出了相关的教学策略；郭跃辉从文本解读的角度强调大单元教学要对课程标准、教材规定的学习内容和要求进行整合，以设计有效的教学计划；陆志平则从教学方式上对语文大单元教学进行了探讨。

随着研究不断地发展深入，大单元写作教学也慢慢浮现在人们的视野中。陈家尧在《大单元写作教学探讨》一文中指出：当前的写作教学存在孤立化、技术化、窄化的现象。基于大单元的写作教学，将写作融入单元整体，实现读、写、做三者的合一，从内容与形式两方面提升学生的写作素养。依照一体化、嵌入性、多样态的实施原则，开展大观念写作、大项目写作、大任务写作，能够有效避免写作教学知识的碎片化和写作"孤岛"现象，让写作教学走向高效。

虽然初中语文统编教材的编排充分体现大单元理念，但在实际的教学中应如何实施？大单元视域下的写作教学具体操作步骤如何细化？初中语文写作教学与大单元理念相融合是未来写作教学研究的重要方向。

本书所研究的大单元写作教学是以初中语文统编教材的传统单元为主要内容载体，在此基础上对传统单元进行整合与优化，提炼出写作大主题，设计具体目标，开展情境性写作教学活动与写作评价的教学过程。

## 二、从"线性推进"到"多维立体结构"的序列建构

### 1. 线性推进的写作教学序列评析

在写作、教学研究的诸多问题中，序列化研究长期受到关注。"中国的作文教学在自身发展过程中，形成了不少的体系和流派。如改革开放二十年以来，先有钱梦龙的'模仿创造'体系，刘朏朏、高原的'三级训练'体系，周蕴玉、于漪的'文体为纬，过程为经'训练体系，中央教科所的'文体、过程'双轨训练体系，扬州师院'三线并行'作文教学体系等等。另外，还有各种各样的作文训练教学法。如章熊的'语言——思维'训练教学法，常清的'分格训练'教学法，等等。这些体系和教法都体现了对学生进行能力训练的根本要求，在实践中也收到了显著的成效，对我们今天的作文教学改革仍具有借鉴意义。"[①]这里所说的"体系和流派"，可理解为依据体系划分的流派，或者"不同体系形成的流派"，其内在联结点建构写作教学序列的方式，体系建构的基础是对写作教学序列的探索。

---

① 吴欣歆.初中写作教学实践指要[M].北京：教育科学出版社，2016：29.

换个角度来看，我国大多数写作教学流派的形成是以其对序列的理解和建构为基础的，系列化建设在写作教学研究中的地位可见一斑。

回顾历史，在写作教学系列化研究中比较有影响的观点主要有以下四种。

（1）语言运用训练序列

语言文字运用训练序列以钱梦龙的研究实践为主要代表，他认为，模仿、改写、反作、平息、借鉴、博彩等言语实践活动构成一条由易到难的读写结合链条，能够反映学生从简单模仿到逐步摆脱魔法进入创造体系的过程。因而组合上述言语实践活动，可建构模仿创造的写作体系。但学生写作能力发展的实际情况不一定完全如此，且不同学生的能力特征差异很大。因此，以上6个能力点作为散点式训练的要点，能够帮助不同能力结构的学生走向均衡发展，但尚未构成"进阶训练"的层级。

（2）思维能力训练序列

主张用思维能力建构教学系列的观点大多强调学生思维能力的发展过程，如低年级学生是想象力发展时期，多写想象作文，中年级是观察力发展阶段。该序列多做情景作文。高年级进入抽象思维发展发育期，要在作文中培养概括、演绎、归纳的能力。该序列代表有刘菲菲、高原、魏灿金、陈洪斌等。

但该写作序列也存在不合理性。写作是思维和语言共同作用的过程，思维语言密不可分，单纯将思维作为线性推进的节点，没有按照思维和语言的关系。

（3）写作流程训练系列

写作的基本流程是先对生活有感受、有积累，然后用文字呈现所见所闻、所思所感，于是有学者基于写作的心理流程设计写作教学序列，将写作教学拆分为观察、感受、分析、概括、确定问题、布局谋篇、修改润色等内容，逐一讲授、训练。

写作是所有流程完整推进的过程，在推进的过程中，写作的次要过程还会曲折反复，这样的训练序列强行将完整的写作过程拆分、细化，不符合写作的真实过程，单个环节的训练也不利于学生养成整体规划写作过程的良好习惯。

（4）文体循环训练序列

这一训练序列在我国近现代语文教学中使用时间长、范围广，被接受、认同的程度最高。其主要观点是按照文体类型训练写作能力，初中写简单的记叙文、说明文、议论文，高中写复杂的记叙文、说明文、议论文。

但这一训练序列近年来受到很多非议，主要观点是记叙文、说明文、议论文是教学文体，与真实世界的写作文体不一致，学生在未来的写作中很少触及类似的文体形式，教学文体和未来的应用文体脱节，写作情境的不真实阻滞了学生写作能力的发展。

以上四种写作教学序列虽然观点不一致，但均为单一要素线性推进的序列，未能呈现写作过程本身的复杂性。

2. 多维立体结构的序列建构

写作是一个复杂的心智过程，写作教学过程也极其复杂，单一要素的线性推进序列难以实现教学目标，因而，需要探索多要素关联的序列结构，选取多个要素建立合理的序列，那么如何建构多要素的写作序列结构呢？

首先，要依据以下两个写作和写作教学的基本原理

（1）遵循写作能力"螺旋上升"的发展规律。

对于写作能力的发展规律，学界普遍认同"螺旋上升"的观点。"螺旋上升"这种周期性运动并不是简单的重复，而是每一个周期的终点同时又是下一个周期的开始，在下一个周期中事物会有新的发展与变化。布鲁纳认为要掌握并有效运用自然科学、数学的基本观念和文学的基本课题，不能只靠一次学习就达到目的，必须通过反复学习，通过在越来越复杂的形式中加以运用，不断地加深理解，进而逐渐掌握。"螺旋上升"也是学生思维发展阶段性的反映，不同发展阶段学生的思维水平、思维方式和思维特征均有不同表现，因此，学生写作能力"螺旋上升"的发展过程不是阶梯状的直线上升，而是在循环过程中循序渐进地提升，其过程是螺旋状的。依据这一特征，我们需要为学生提供不同深度、广度和时间跨度的学习内容。同类写作任务需要间隔出现，但再次出现时要在具体要求上和前一次有质的差异。相邻的两次循环之间，学习任务的设计需要有质的区别，才可能达至"上升"的目的。

（2）符合中学生表达事物的规律。

对于写作本身，学界普遍认同"双重转化"的原理。"任何一篇文章或一部作品的诞生，都要完成这样一种'双重转化'：首先，是现实生活、客观事物向认识'主体'，即'作者'头脑的转化。它要依据'反映论'的精神能动地、本质地、真实地将现实生活、客观事物转化为作者的认识（观念和情感）。这是由事

物到认识的第一'重'转化；然后，是作者观念、感情向文字表现的转化。它要遵循'表现论'的原则，有'理'有'物'并有'序'有'文'地将头脑所获得的意识、情感转化为书面的语言（思想的'外衣'）。这是由认识到表现的第二'重'转化。"[1] 按照这一原理，生活进入学生的大脑，经过思维加工转化为文字，思维加工的方式不同，转化的方式也会有所不同。下图4-1呈现了两次转化的过程及理论依据。

图 4-1 写作过程中的双重转化

随着写作内容的日益复杂，学生所面临的写作障碍也越来越多。由'通顺'而'不通顺'再到'通顺'，这种现象是很正常的。在不同的水平层次上，学生会遇到不同的问题；这些问题，有的通过有针对性地训练可以缓解，有的则受到他当时水平（认识水平和技能水平）的限制是一时无法解决的（在一定阶段，他们可以发现自己的"失误"而无法辨识自己的"错误"）。在更高的层次上，原来的问题解决了，新的问题又会萌生。无论是语言、结构还是内容都如此。

因此，在整个中学阶段，写作教学应该循环往复，逐步深入，呈螺旋式排列而不是线形排列。

其次，需要组合多个要素建构网状联结序列。

因为线状序列中某个环节的缺失或薄弱容易导致整个训练序列难以发挥作用，而网状联结序列则不存在这个问题，某个要素薄弱，相关要素的发展与提升能够起到弥补作用，"整张网"构成写作能力的整体结构，不同要素发展的不均衡对写作能力提升不会产生严重的阻碍，其主要特点为多要素整体推进。

于漪、周蕴玉老师提出的"文体为纬，过程为经"模式，以各种文体训练为决定序列的核心要素，每次写作训练均涉及审题、立意选材、布局谋篇和语言运用等写作能力，分为列提纲、写初稿、修改打开思路、收集积累作文材料、语言和文风、审题和构思等训练点按照单元设计写作训练内容，组成以读写结合为特

---

[1] 庄海清. 写作大辞典[M]. 上海：汉语大辞典出版社，1992：987.

征，分阶段和层次的教学序列。"文体为纬，过程为经"的序列结构，已经脱离了单要素、线性推进的局限，走上了"网状序列"的发展方向，深化了写作教学序列化的研究。

蒋洪森以分析课标写作教学目标为基础，提出写作教学序列应该包含六个要素："能力系列，将中学生应具备的作文能力分项细化，然后分解到各年级各学期的作文训练单位中；内容系列，一方面是回答'写什么的问题'，同时要引导学生学会选择；方法系列，包括精要的作文技法、表现方式以及各种题型的训练等；过程系列，写准备、修改交流、误区规避等等；知识系列，必要的写作知识介绍；素养系列，写作兴趣、读写习惯、写作思维、写作规范等等。"用这六个要素构成纵向序列，要素中的点与点横向组合，构成若干个写作教学单元。若干个写作任务构成横向排列的"任务群"，显现出各个训练要素的推进序列。如此，整个初中的若干次写作教学任务有机组合，共同达成学段教学目标。

蒋洪森的探索为写作教学序列构建提供了新的思路，即用确定的训练要素联结具体的写作任务，建构网状联结序列。但要如何结合语文教材写作教学内容的设计拆分并合理安排序列的内容点、能力点、过程点、方法点、知识点和素养点，确实面临极大的挑战。换个角度来看，这些"点"是否存在内在的先后顺序、主次关系等，目前尚缺少充分的学理证据。

加涅将学习任务分为五种类型：智慧技能、认知策略、动作技能、态度和言语信息，认为在分析具体的学习任务时需要追问哪些其他目标与这个目标的实现有关；为了学习这个技能，学生应具备哪些较简单的技能。依据追问的结果将任务拆分成若干个板块、梳理板块与板块之间的关系，然后进行教学设计。写作教学内容包括策略性知识、程序性知识和陈述性知识三个维度，三个要素之间形成网状联结的内在逻辑关系，但如何依据三个维度，探索新的序列建构思路依然值得探究。

经过对上述研究成果的梳理，我们可以确认写作教学应该有序列，而且这个序列应该具备两个基本特点——包含多个要素，整体呈现多维度的立体结构。建构包含多要素的立体结构序列，关键要确定将哪个要素作为主线描述序列。

# 第二节　大单元视域下初中语文写作序列化的实施与价值

美国教育心理学家加涅提出了学习的序列原则，他认为学习是不断发展变化的渐进过程。因此，教师在实际教学中应该遵循两个原则：首先是学生认知能力的循序渐进的发展序列，其次是科学知识逻辑结构的序列。大单元视域下写作任务序列建构，需要遵循学生认知特点和思维发展水平，在结合统编语文教材写作内容的基础上，提炼写作目标，再分解一系列写作任务按照一定顺序和步骤，建构一个阶段性任务明确并且科学有序的写作训练体系。

## 一、大单元视域下初中语文写作序列化的实施

"大单元"视域下写作任务序列建构，主要就是围绕教材的编排特点设计结构化写作任务，基于新课标倡导的写作目标，将各项写作任务包含的实践活动整合为一体，循序渐进地培养学生的写作能力。具体可按照以下路线来进行：设定写作目标—分解写作任务—架设写作支架—设计评价量表。

### 1. 研读教材编排体系，设定写作目标

"大单元"写作任务序列化是为了解决传统写作教学存在的孤立、静止、零散的写作教学问题，以优化写作教学为目的而设计进阶性任务的教学策略。通过研读新课标和初中语文统编教材，确定写作能力培养点，通过结构化教学、序列化任务促进学生在写作知识、写作能力、写作过程方面逐步提升。

因此，设定大单元写作任务，先要仔细阅读单元选文，把握其写作手法，梳理其中蕴含的写作元素，为学生完成大单元写作任务奠定基础。统编语文教材的每个单元基本都由阅读、写作、综合性学习等板块构成，它们都与"语言文字积累与梳理"有着千丝万缕的联系。因此，开展大单元写作教学既要从单元主题出发，合理设置结构化的写作任务，选择与之匹配的学习资源，还要借助各单元选文以及相关文本拓展学生写作思路，组织螺旋式上升的写作练习。

### 2. 整合文本写作素材，分解写作任务

"大单元"写作任务序列化的实施贯穿一条体现学生身心发展规律和读写能力发展的纵线。学生的阅读理解和迁移写作是随着年龄增长、知识积累、思维提升而不断生长的，因此序列化的"大单元"写作任务应该体现由浅入深、由易到

难的学习进阶。

要完成大单元写作任务，教师应遵循学生的认知规律，在认真研读写作内容和教学目标的基础上摸索写作规律，融合教学过程、方法与学生经验，给予学生成长的空间。根据杜威经验主义理论，教师可以通过引导学生研习单元教材文本，借鉴他人的写作方式，重构已有的学习经验，形成新的写作策略。在这一阶段，教师可以设计相关任务，帮助学生对本单元的学习活动作出系列化的设计，归纳方法为己所用。整个教学过程都要根据学情，为学生量身设计由易到难的写作训练任务，提供写作过程的序列化指导，培养学生的写作内驱力。

3.遵循学生认知规律，架设写作支架

七年级学生的认知水平、写作能力各不相同，教师要在教学中遵循学生的认知规律，充分利用统编语文教材编排的写作内容，提炼写作知识和技巧，并选取可作为支架的范文。

叶黎明指出，判断教师给学生提供的支持是不是"写作支架"，看它是否以写作知识与技巧为内核；知识是否以显性、精要、好懂、管用的形式呈现；是否高于学生的现有水平，针对学生无法独立完成的写作任务，提供切实有效的帮助。

写作支架是在学生的现有水平与潜在发展水平之间搭建的"脚手架"，帮助学生完成无法独立完成的写作任务。写作支架的运用是为了帮助学生将他们学到的技巧迁移到后续的写作实践中。

4.依循写作基本过程，设计评价量表

新课标极为重视学生思维品质的培养。因此，教师需要在序列化的单元写作任务设计中为学生提供反思的机会，促进其修改并完善自己的创作，获得更为深刻的写作体验。因此，我们需要在写作任务中融入适宜的写作评价要求。新课标倡导教师"充分尊重学生的主体地位，关注学生在兴趣、能力和学习基础等方面的个体差异，引导学生开展自我评价和相互评价"，"综合运用多种评价方法，增强评价的科学性、整体性"。根据这些要求，在本单元写作训练中开展教学评价，需要采取多元评价的方式。事实上，真正的写作评讲课要有真实而完整的过程，要有"看得见"的表现，变评讲为评改，学生应该是评改课的主体，真正参与评改过程。要实现这一目标，评价量表的开发和使用不失为一条有效路径。

运用评价量表变革写作教学课堂评价方式，从单纯的教师评价走向生生互评、师生互评。学生充分利用自己的经验，参与写作修改活动，在交流、分享中总结写作经验。这种写作评价方式是学生对生活、写作、知识的自我回应，也是一个深入写作、实现知识创生的过程。

初中语文统编教材根据学情建构了写作序列，有助于我们在新课标、单元学习目标的指引下，实现课标、教材、教学的三级转化。推动学生在阅读中获得对写作的深度理解，促进学生真正实现读写知识内化迁移，助力语文核心素养在写作教学中高质量落地。

## 二、大单元视域下初中语文写作序列化的价值

### 1. 打破了传统单元写作各自为营的教学现状

大单元写作教学有助于改变单篇习作教学的知识无系统、内容重复的问题，教材其他综合资源的加入使得写作教学富有活力，让写作的内容更加丰富，可以有效激活学生的写作兴趣。

传统的单元写作教学的内容往往是根据教材所编排的每个单元后的习作板块组成，习作内容主要与教材单元的阅读课文有关，每个单元的习作内容之间相互独立没有直接的联系，写作内容孤立而分散，而"大单元"写作教学内容不单单局限于每个单元后的习作板块，而是有机整合小单元中的写作资源，重新规划和重整并组合成个新的整体，成为一个具有内在逻辑的"大单元"写作教学内容的整体，每个写作内容之间相互联系，彼此相辅相成，打破了小单元习作教学各自为营的局面。

但是要真正能够运用大单元资源来进行写作教学，需要注意一些问题，比如，如何将教学设计变得更合理，如何整体把握教材的写作资源进行整合而又可以避免重复，这些都需要教师在课前进行大量的准备工作，对教师的专业能力有一定的要求。

例如语文统编本九年级上册的第二、三、五单元的习作主题，它们分别对应"观点要明确""议论要言之有据""论证要合理"，这三个主题正好是议论文写作的组成部分。但在教材中，却被分散在教材的第二、三、五单元，中间的第四单元习作还插入了一个"学习缩写"的写作主题，很容易让学生对议论文写作的学习要素没有一个整体而系统的感知，知识比较散乱。因此，在写作教学时，完全

可以将这三个单元衔接讲解或合并讲解，这样既可以让学生对议论文的组成要素有一个整体的认知，为学生搭建一个议论文写作的整体框架和议论文要素的整体意识。在大单元的视域下这时候写作教学的目标就不是单独的议论文组成要素的知识个体，而是"如何写好议论文或学习议论文的三要素"，学生就能有议论文的整体文本意识。

2. 增加了写作教学的情境性

大单元写作教学活动方式区别于传统写作教学，它不是简单的写作知识讲授加上写作训练，而是由一个个开放的情境化写作任务组成，这些任务与学生的实际生活息息相关，甚至来源于学生实际生活，学会说能够轻松感知到写作与生活之间的联系，从而能够写出自己的真情实感。

传统单元教学是在已经预设好的写作教学内容中拿出来进行讲授，特点是不灵活、知识点单一零碎，容易固化学生的写作行为，导致学生写作无话可说或千篇一律，这种传统的写作教学方式严重限制了学生的写作创造力和真情实感的抒发。尽管这种方式有利于教师对学生课堂的把握，但也对学生的主体作用进行了一定程度上的制约。

大单元写作教学注重创造真实的情境进行活动，学生的写作思路应该是来源于学生对生活的思考与体验，学生在与外界交涉中获取到经验，然后将其反馈回课堂中，经过教师的引导和活动的设计，表达在习作上，学生的语文核心素养由此而体现出来。这样的教学模式，不仅能提升学生联系生活和语言运用的能力，还从思维层面让学生得到思辨和收获。因此，大单元理念下的写作教学促进了写作教学的情境性，比传统写作教学更符合学生的认知发展和学习规律。

3. 整合与优化了写作教学资源

写作是一项时间消耗大，花费精力多且不一定回报成正比"投资"，现实中，由于初中生中考的压力，教师更注重在阅读教学上下功夫，而剩下给作文教学的时间非常有限，只是简单地进行写作知识与技巧的讲解，无法从根本上提升学生的写作水平。既然学生写作的训练实践有限。这就需要整合与优化写作教学资源，能够为教师提供更高效、更系统、更有逻辑性的教学内容。

首先，大单元理念重视在遵循核心素养和单元目标的基础上，对学习内容的重组和整合，构建学习单元，可以有效将写作知识从语文教材各个板块中整合进行教学。我们可以从学生的学情角度去整合资源，根据教师对学生学情的把握，将适合学生有利于学生写作进步的资源整合到一起；其次，还可以从核心素养方面去整合资源，注重对学生写作语言、思维、审美的培养；或者从学科资源的融合来重组单元，在写作教学中适当加入一些科学实验、历史文化、艺术创造等有益于写作教学的资源，让学生从中汲取写作素材，将学科融合入写作教学，提升核心素养。实际上，教材中的单元编排已十分顺应资源整合的要求，无论从单元主题的分配上看，还是从单元板块中的综合学习上看，都有利于教师把握教材进行资源整合。在具体的写作教学实践中，教师可以有效利用统编本初中语文教材的编写特点，对写作知识进行优化组合和构建，促进写作教学的改善。

4. 有利于落实立德树人总目标

立德树人，顾名思义就是树立学生的品德道德，让学生成为社会主义接班人。而一篇美好的作文就可以反映学生的品格和修养，因此教师对学生的写作教学其实也是在对学生人格的塑造，对学生个体生命的激荡，对学生情感态度的指引。大单元写作教学自始至终也在追求这样的终极目标，例如它注重教学的情境性，注重学生在真实的情境中去感悟和收获真情实感，通过完成一个个情境活动达成一个个小目标，从而提升核心素养。其目的在于"确立核心素养与课程教学之间的内在关系，充分发挥各个专业的课程教学对于全面落实教育方针、落实立德树人的根本任务、培养素质教育的独特育人价值"。

学生在完成大单元写作教学任务的同时，通过主动参与到学习活动中，主动挖掘学习内涵，去积累经验与知识，得到知识、技能、情感和文化修养等方面的提升，所有的教学设计和活动任务都以最终实现立德树人这一总目标服务。当然，付出与收获不一定是成正比的，付诸了实践，这并不意味着就能取得理想中的教学效果。但是要想落实立德树人总目标，大单元教学理念必然是一个有效的方向，师生们应该利用好这一载体，充分发扬大单元教学独特的优势。

综上所述，大单元写作教学的优势显而易见，不管是可以从内容上给传统写作教学带来新的面貌，还是从学生的内心给予滋养，大单元都为学生的情感态度与价值观的形成，核心素养的长远发展，立德树人总目标的有效落实作出了重要贡献。

# 第五章

## 写作实践一：大单元视域下初中语文记叙文写作序列建构

新课标对第四学段的写作目标是："写记叙性文章，表达意图明确，内容具体充实；写简单的说明性文章，做到明白清楚；写简单的议论性文章，做到观点明确，有理有据；能根据生活需要，写常见应用文。"可见，记叙文写作在初中写作教学中占据重要的位置。

本章节的内容主要讲述基于本校初中生的写作能力，以新课标中对初中生记叙文写作要求为总目标，统整教材中的写作系列，提炼大概念，有序建构记叙文写作中"记事""写人""写景""抒情"的教学活动，逐步促进初中学生记叙文写作能力的提升。

## 第一节　学会写一件事

《学会记事》是统编版语文七年段上册第二单元的写作内容。从教材编排位置来看，是对初中生写作入门级的要求；从教材内容看，学会记事又是写人作文的基础，因此，写好记事类作文对初中生整个记叙文写作有着重要的铺垫作用。

在实际教学中，一方面，学生的作文呈现事件单一、叙事平淡、情感虚假等问题；另一方面，很多教师只满足于传授叙事技巧，较少从写作思维的层面进行过程性指导，这样很难真正提升学生的记事作文水平。

通过横向、纵向对比，可以统整七年级上册的相关单元内容（如表5-1内容所示）并提炼出主题——"学会写一件事"。教学中重点关注第二单元选文的"记事"技巧，以该单元的阅读教学内容为例，系统归纳"记事"技巧，再结合《西游记》名著阅读教学和其他写作单元内容，共同促进学生记事能力的提升。

表 5-1　"学会记事"相关单元内容及任务提炼

| 教材位置 | 板块 | 单元内容 | 学习目标 | 大任务 |
|---|---|---|---|---|
| 七上第一单元 | 写作板块 | 热爱生活，热爱写作 | 1. 激发对生活、对写作的热情<br>2. 从描写大自然的优美诗文中学习借鉴写作方法<br>3. 用心感受家庭生活和校园生活，捕捉美好、有趣、有意义的瞬间，记录自己的感受体验 | 学会写一件事 |
| 七上第二单元 | 阅读板块 | 5.秋天的怀念<br>6.散步<br>7.散文诗二首<br>8.《世说新语》二则 | 1. 感受和理解各篇课文所表现的亲情，唤醒和丰富自己的亲情体验；同时深化理解，尝试读出亲情之外的情感内涵<br>2. 继续学习朗读，把握全文的感情基调，注意语气、节奏的变化<br>3. 了解不同文章抒情的不同特点：有的显豁直白，有的深沉含蓄 | |
| | 写作板块 | 学会记事 | 1. 结合阅读课文，认识把事情说清楚的记事原则<br>2. 体会并尝试在叙事中抓住细节，表达感情<br>3. 养成写日记或周记记录生活中人和事的习惯 | |
| 七上第四单元 | 写作板块 | 思路要清晰 | 1. 整体构思<br>2. 确定写作顺序<br>3. 列提纲 | |
| 七上第五单元 | 写作板块 | 如何突出中心 | 1. 认识立意对于一篇文章的重要性<br>2. 设置一条贯穿全文的线索<br>3. 安排好内容的主次和详略<br>4. 采用一些具体的方法 | |
| 七上第六单元 | 综合性学习 | 文学部落 | 1. 读书写作交流会<br>2. 布置文学角<br>3. 创立班刊 | |
| | 名著导读 | 《西游记》精读和跳读 | 1. 读书方法指导<br>2. 专题探究<br>3. 精彩选篇 | |

新课标课程总目标第 6 条提出："积极观察、感知生活，发展联想和想象，

激发创造潜能，丰富语言经验，培养语言直觉，提高语言表现力和创造力，提高形象思维能力。"《现代汉语词典》（第7版）对"形象思维"的解释是：文学艺术创作过程中主要的思维方式，借助于形象反映生活，运用典型化和想象的方法，塑造艺术形象，表达作者的思想感情。也叫艺术思维。[1]可见，在以记叙、描写为主的记叙文写作中，形象思维处于主导地位，即作者运用形象思维描述世界，给读者建构一种语言艺术形象。形象思维的运动过程可分为三个阶段，即物象运动阶段、意象运动阶段和语象运动阶段（表5-1所示）。教师借助形象思维发展的规律，依据《学会记事》的单元写作目标，设计阶段性写作任务，可帮助学生逐步提升形象思维和记事作文水平。

表5-1 形象思维运动过程三阶段

一、多元中建构：分类整理、辨析筛选写作素材，感知、确定"物象"

只有正确地解决了材料的问题，才能谈写作技巧的问题。很多学生害怕写作是因为缺乏写作素材。而像"送伞""公交车上让座""半夜生病家长送我去医院"这样的事件在学生记事作文中屡屡出现。即不知道写什么，或写作内容单一，写作思路狭窄等问题较为普遍。

物象运动阶段是形象思维的开始阶段，"是指客观事物形象在思维主体头脑中感知、确立、定向定性的运动过程"[2]。物象包括事物现象和人物形象。由此，教师可设置以下任务。

（一）搜集素材，分类整理

学生并非缺少写作的素材，而是缺少发现素材的眼睛。每个学生都有自己熟悉的人、事、物，它们都是学生自己独有的珍贵的写作矿藏，教师的职责就是帮

---

[1] 中国社会科学院语言研究所词典编辑室. 现代汉语词典[M]. 第7版. 北京：商务印书馆，2016：1468.
[2] 段建军，李伟. 新编写作思维学课程[M]. 上海：复旦大学出版社，2008：161.

助学生把它们发掘出来，发挥其应有的效用。在实际生活中养成精密观察跟仔细认识的习惯，是写作前的一种准备。因此，教师可以设置以下任务。

【任务一】做生活的有心人，参考下面的观察提示，每天写一则日记（至少几十个字）。

　　观察提示：
　　A.妈妈每天早晨是如何给你准备早餐的？
　　B.爸爸到家后的第一件事是什么？
　　C.你最喜欢校园里的哪个角落？
　　D.你同桌平时背什么样的书包，爱看什么方面的书籍？
　　……

【任务二】填写以下表格，将自己写的日记进行分类整理。

**日记内容整理**

| 类别 | 日记内容 |
| --- | --- |
| 我看到的风景 | |
| 我经历的事情 | |
| 我认识的人 | |
| 我感悟到的道理 | |
| …… | |

学生看到的、经历的和感悟到的这些素材，都可以成为写作的一颗种子。任务一基本没有设置什么框框，学生可以写自己最熟悉的人和事及最想表达的情感等。加入观察提示帮助学生养成细心观察、勤于思考的习惯。初中阶段记叙文写作主要以叙事、写人、写景为主，任务二依据这个标准引导学生对素材库进行分类整理。

（二）分析判断　筛选素材

学生多方面搜集整理素材，可以丰富自己的素材库，但毕竟不是所有的素材都适合写进作文。如何挑选最恰当的素材，这需要写作主体的理性思考。初一学生正处于思维发展期，写作教学要帮助学生形成积极向上的价值观，能够用阳光的心态看待问题、分析问题，多描述积极体验，使之充满"正能量"，在情感发育的良性循环中成长。为此，教师可设置以下任务。

**【任务三】**从自己的日记中挑选一篇素材，完成作文：《那一次，我真_____》。（题目来自统编语文教材七上第二单元写作实践二）

**【任务四】**从读者的角度思考评价：这些事件是否都值得写进作文？

①参加军训或是校园值周，真累。
②家里的狗生病去世，真难过。
③课前讲《西游记》声音太小声，被同学们嗤笑，真尴尬。
④家人忘记给我过生日了，真伤心。
⑤妈妈（陌生人）送（借）伞给我，真感动。
⑥考试不认真，成绩不理想，真后悔。
⑦与同学发生误会后，自己拒绝道歉，真后悔。
⑧倒垃圾不小心，给环卫工人添麻烦，真愧疚。
⑨爷爷为我精心制作书架，真感动。

任务四的9个事例是从学生习作中挑选出来的，很有代表性。同样是生活小事，素材①②③④只是表达当下的一种情绪或心境，素材⑤落入俗套，甚至有虚假成分，素材⑥⑦⑧表达自己对学习、生活中言行的反思，素材⑨是对亲情的理解与感动。通过比较辨析，学生发现有意义的事件，容易引发读者的思考、得到共鸣。由此归纳得出：写进作文里的事件，不仅要真实、新颖，最重要的是要有一个有意义的主题。

同一件事，叙事角度不同，其意义也不一样。经过思考，学生对任务三的习作做了以下修改。

**叙事视角变换（修改）**

| 《那一次，我真_____》1.0版 | 《那一次，我真_____》2.0版 |
|---|---|
| 军训、校园值周等，真累。 | 军训、校园值周等，虽然辛苦，但它既锻炼了身体，又培养了自己的意志，真值得。 |

续表

| 《那一次，我真＿＿＿》1.0版 | 《那一次，我真＿＿＿》2.0版 |
| --- | --- |
| 家人忘记给我过生日了，真伤心。 | 家人这天没有给我生日的惊喜，但我知道自己已经成长，并不需要一个形式，而应该多关心家人，真明白。 |
| 考试不认真，失利，真后悔。 | 考试失利，提醒我平时要更加认真掌握好知识和答题技巧，真醒悟。 |
| 课前讲《西游记》声音太小声，被同学们嗤笑，真尴尬。 | 被同学嘲笑的感觉真不好，但也是另一种鞭策，学会笑对困难，努力前行，真成长。 |

显然，改版后的事件内容在中心立意上更积极向上，更符合读者的阅读期待。

二、比较中归纳：合理安排详略，变化叙事结构，转"物象"为"意象"

"意象是蕴含着一定意味的物象。意象思维就是思考、探寻物象内在的意味或者赋予物象一定意味的思维过程。"[①] 确定"物象"之后，写作主体要思考、探寻物象内在的意味或者赋予物象一定意味，才能达到意象思维阶段。由物象转变为意象的途径，除了找到物象（事件）自身的本质属性，即它存在的价值和意义，还可以把物象（事件）放在一定的环境背景中，完成意象的构成。

在记事作文中，合理安排内容的详略和叙事结构，能赋予事件一定的意味，呈现作者想表达的中心。乌申斯基曾说过："比较是一切理解和思维的基础，我们正是通过比较来了解世界上的一切的。"[②] 比较能更好地辨别相似事物的异同点。教师设计写作任务时，引导学生运用比较的思维方法，加深认识，促进意象思维的形成，突出事件的中心。

（一）合理安排详略，明确中心

提升记事的写作能力，需要反复地学习、训练，达到"螺旋式上升"。学生在小学阶段已经学习了如何写清楚一件事，即交代好记叙文的六要素、记事要有详略。但七年级学生作文依然存在叙事不具体、详略不当等问题。为此，教师可设置以下任务。

---

① 段建军，李伟.新编写作思维学课程[M].上海：复旦大学出版社，2008：165.
② 转引自：吴文侃.中小学公民素质教育国际比较[M].北京：人民教育出版社，2002：241.

**【任务五】**给下面这段文字"添枝加叶",把它写得丰满、生动一些。

那天放学回家,我不小心摔了一跤,手受了伤,校服也磕破了。回到家里,爸爸、妈妈、爷爷、奶奶都很心疼,嘱咐我以后走路要小心。

写作提示:

①添加细节,如为什么摔跤,摔跤时的惨状,长辈看到后心疼的目光等;

②融入情感,写出自己的感受和心情。可以在叙事之中融入个人情感,也可以在结尾处抒发情感,以此点题。

**【任务六】**比较 A、B 两位同学的习作,思考评价两个片段表达的中心的差异。

A. 我漫不经心地走在回家的路上。"哎哟!——啊!"突然,我被一块长满了苔藓的石块绊倒,径直摔进了路旁的荒地里。碎石挤压着手臂,传来一阵阵刺痛,掌心脱皮了,变得通红,火辣辣的痛感在寒风侵袭下愈发明显。校服也磕破了,上面沾着些许尘土。我双眼微闭,咧着嘴,缓慢地站了起来。手上的试卷被攥得不成模样,试卷一角也不知所踪。我只好低着头,无力地向家的方向挪去……

B. 终于到家了,屋外的爷爷奶奶先是朝我一笑,随后面色凝重起来:"好孙儿,你这是怎么啦?快进屋!快进屋!"安顿我坐好后,他们连忙唤来我的父母。不一会儿,四道身影出现在我的视线里,他们无一例外地向我投来关怀的目光。奶奶轻抚我的手臂,母亲轻轻吹了吹我的伤口,细心地涂上了碘伏。就连平日里严厉的父亲仿佛也变得温柔,扶我到卧室休息。我躺在床上,感受这人间至情,身体的伤痛正在一点点消逝……

任务五的写作提示给学生搭建了支架,指导学生具体描绘有质感的画面,抓住某一瞬间,将瞬间延长,铺排各种相关细节,多维度加以渲染,把简单的事件写的丰富具体且具有情感。

任务六比较分析 A、B 两位同学的习作,发现写作重点不同,中心也不一样:A 同学详写自己摔倒的过程,表达因走路不小心摔倒而伤心难过的心情;B 同学详写摔倒后家人的关心爱护,表达对家人的感激之情。通过典型案例的对比,学生容易理解事件详略安排与中心的关系。

## （二）巧妙设置波澜，凸显中心

文似看山不喜平，记事除了要写清楚、写具体，还得写生动。事件的呈现方式（叙事结构）不同，表达的意味（中心）也就不一样了。七年级上册第二单元课文《散步》《秋天的怀念》的叙事结构巧妙，是学写记事的范例。七年级的学生还较缺乏逻辑思维能力和整合能力，教师可借助思维导图的形式帮助学生梳理结构，再放手让学生在课外阅读名著中归纳总结方法，具体任务如下。

【任务七】梳理《散步》的写作思路，完成叙事结构图。

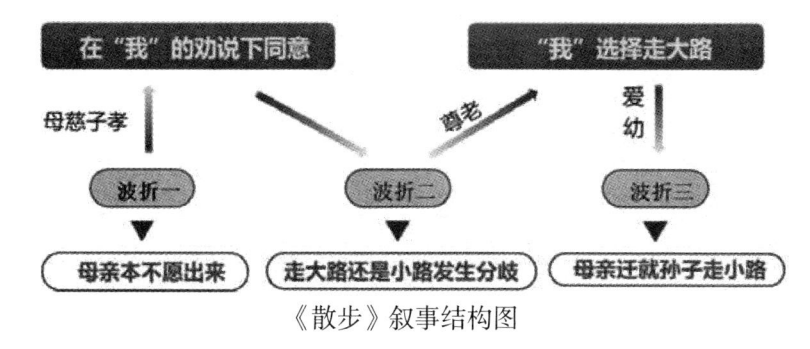

```
在"我"的劝说下同意              "我"选择走大路
       ↓                           ↓
  母慈子孝        尊老            爱幼
       ↓           ↓               ↓
    波折一        波折二           波折三
       ↓           ↓               ↓
  母亲本不愿   走大路还是小路    母亲迁就孙子走小路
     出来       发生分歧
```

《散步》叙事结构图

【任务八】课后比较阅读《西游记》中三打白骨精、三借芭蕉扇等故事，找出它们在叙事结构上的相同点，绘制一份记事作文自查清单。

**作文自查清单**

| 文章中心 | 起因 | 写作主体有什么愿望 |
|---|---|---|
| | 经过 | 在实现愿望过程中，遇到了哪些障碍、矛盾等 |
| | | 写作主体做了哪些努力去克服困难、解决矛盾（详写，体现中心） |
| | 结果 | 愿望是否实现 |

《散步》这篇散文的结构巧妙在：作者在叙事中加入了小说的笔法，一家人在散步过程中出现一些小的"分歧"（波折），正是在解决这些"分歧"（波折）的过程中，让读者感受到一家人的互敬互爱、尊老爱幼等传统美德。学生借助完成叙事结构图，直观领会设置波折对呈现文章主题的作用。

《西游记》是七年级上册必读名著之一，其中"三打白骨精""三借芭蕉扇"

等故事大家耳熟能详，这些情节写得波澜起伏，扣人心弦，呈现出：进展—阻塞—再进展—再阻塞—再进展—完成的螺旋上升的情节发展方式。在双方矛盾逐渐强化和不断解决的过程中，人物形象特点及作品主题得以彰显。

生活中，每个人在实现自己的理想的过程中，总会遇到困难障碍。写作时，真实地再现这种矛盾，恰当叙写人物为解决矛盾所做的努力，可以突出作品的中心。任务八绘制的自查清单，是学生在完成前面任务基础之上的方法总结，也是师生共同合作的成果。利用这样的过程性评价量表，学生可以将记事作文写得更生动、中心更突出。

### 三、迁移中演绎：综合语境、写法，情理交融，化意象为语象

"语象思维是指写作思维过程中语言对意象的描述。"[1]语象思维就是语言与意象的交融过程。新课标在对第四学段"交流与表达"的目标中提出："写作要有真情实感。"记事作文如何写出情感？关键要锤炼语言。语言作为一种形式因素，决定整个写作思维的结果。教师可通过课内精读重点词句、微点训练、片段仿写等方法，逐步提升学生迁移运用语言的能力，促进语象思维的形成，使记事作文富有真情实感。

#### （一）结合特定语境，选用恰当字词表达情感

语境是语言使用的环境，在不同的语境中，个体能够赋予语言独特的含义。写作时需要结合人、物所处的背景环境等，运用恰当的词语，表达情感。教师可在课内精读的基础上布置以下仿写任务。

【任务九】模仿《秋天的怀念》中母亲的动作描写，写一个片段。

【任务十】对比分析两段文字中加点词的表达效果。

　　我狠命地捶打这两条可恨的腿，喊着，"我可活什么劲儿！"母亲扑过来抓住我的手，忍住哭声说："咱娘儿俩在一块儿，好好儿活，好好儿活……"
　　　　　　　　　　　　　　　　　　——《秋天的怀念》片段
　　妈妈下班回来了，看着我涂得红红的手掌心，立刻过来抓住我的手问：

---

[1] 段建军，李伟.新编写作思维学课程[M].上海：复旦大学出版社，2008：172.

"怎么啦？疼吗？"我连忙解释："走路不小心，在学校楼梯摔了一跤……"妈妈一看我没什么事，就开始责备我："这么大的人，走路不会当心一点吗？"

——学生习作片段

在《秋天的怀念》中，母亲看到捶打双腿、自暴自弃的"我"，急忙上前阻止，动作"抓"显得迅速、用力，表现母亲对"我"的关爱。而学生习作中的动词"抓"明显不符合语境，尽管妈妈看到"我"受伤内心很急切，但此时"我"的手已经受伤，出于常理是不可能用力去抓，改用"握"则更合适。同样的词语在不同语境中，产生不一样的情感表达效果。教师适当利用学生习作中的反面事例作为教材，能帮助学生加深理解，并借助课内所学，灵活使用语言来表情达意。

（二）综合运用多种写作手法，表达情感

在记事作文中，不仅要对人物的细节进行描写，还可以使用环境描写、侧面烘托等多种手法，让情感表达得更富感染力。除了借助课文的阅读教学，教师也要相信同伴榜样的力量。每次优秀习作的展示，都能激发学生学习、模仿的兴趣。教师可布置以下任务。

【任务十一】以《这天，我回家晚了》为题，写一篇记叙文。

（题目出自七年级上册第四单元写作实践二。）

【任务十二】比较三位同学的《这天我回家晚了》习作片段，辨析其情感及写作手法的异同。

片段1：时至立冬，天气愈发寒冷。晚自习下课，刚到家的我一脸倦容地坐在椅子上。"超，今天煮这个汤给你喝哈。""嗯。"我瞄了一眼，漫不经心地应道。母亲听后，高兴地忙碌起来。不一会儿，一碗热气腾腾的汤便从锅中盛了出来。我一看：奶黄的汤体里，翠绿色的裙带菜分外灵动，白嫩的豆腐可爱万分，热气混着汤的清香令人垂涎三尺。我的心情仿若好了许多。

片段2：母亲的电动车在路上缓缓行驶着，刺骨的寒风扑面而来，手被冻得僵直，心却是暖暖的。到了家中，四周的气温好似都升高了许多。这时，我总能喝到一碗父亲早已为我准备好的热气腾腾的汤，温暖的汤汁将我的四肢百骸都融化了，这碗汤好似承载着父亲对我浓浓的爱。

片段3：几分钟后，抽油烟机停止了运转，一切又变得寂静。接着，一阵轻盈地脚步声传来。是妈妈！她手里端着一碗香喷喷的阳春面。"面条还有点烫，你等几分钟再吃。"妈妈摸了摸我的头，温柔地说。看着妈妈红红的眼角以及快睁不开的眼睛，我的心中满是温暖与感动。

同伴的优秀作文能起到很好的示范作用。任务十二的三个习作片段题材内容接近，抒发的情感主旨相似，都表达对父母的感激之情。它们写法的不同之处在于：片段1对这碗裙带菜汤观察仔细，描写细腻生动，融情与"汤"，别有韵味；片段2通过前后环境的对比（温度的变化），烘托出写作主体内心的感动与温暖；片段3用饱含深情的笔墨描写妈妈的神态、动作、语言等，最后直接抒情。教师借助优秀学生习作，通过同异综合比较法，帮助学生学会综合运用多种写法抒发情感。

（三）辩证思考、情理交融，写出真情实感

叶圣陶曾提出"要写出诚实的、自己的话"[1]，认为写作要写真实的，用真诚的态度写，用认真的心思写。写作不是单纯的技能，文字是一个人品行和知识的体现。写作训练是塑造学生健康人格的重要途径。记事作文的结尾，很多同学都会用议论抒情的语言来升华主题，但往往都比较空洞，甚至滥用"妈妈我爱你"这样的语句等，情感多与内容不匹配。

要想让学生写作走向更高层次的清明和理性，不仅日常阅读教学要渗透"课程思政"的理念，且在作文题目设置上，须给他们以真正的问题及思维路径，推动写作主体进入深度思考。"作文命题考查的思维层级直接影响着学生写作的思维取向与品质。"[2]因此，在布置《那一次，我真___》写作任务时，教师可以这样设计问题：

---

[1] 叶圣陶.叶圣陶语文教育论集[M].北京：教育科学出版社，2015：261.
[2] 石修银.作文命题考查思维层级及教师作为转自[J].中学语文教学参考，2023(3)：1-14.

步入初中以来，你和同学、老师或是家长之间发生了哪些温暖、快乐、感动……的事情，其中有没有哪一次带给你很强烈的情感冲击或对你产生较大的影响？请你筛选出其中一件真实发生的、对你有意义的事件写下来。

此外，在过程性写作指导中，教师也要适时抓住学生作文出现的问题，进行深入探究。比如，当学生作文大量出现类似"家人没有给自己过生日就非常遗憾、非常生气"的事件时，教师可以这样设问："在你成长的道路上，父母给你过了几次生日？你记得父母的生日吗？"……让学生产生价值的冲突和思维的矛盾，促进情与理的相互交织、相辅相成。这种辩证的能力共同推动的主体写作思维活动的进程，完成形象思维的建构。

总之，形象思维运动过程复杂，感性思维和理性思维等相互交融，相互影响。培养形象思维对记叙文写作有重要的推动作用。需注意的是，本节述及的基于"学会记事"能力提升的任务设置，与形象思维的三个发展阶段并不绝对对等。但对形象思维的建构和学生写作水平的提升，应该是一种有益尝试。

# 第二节　学会写一个人

记叙文除了记事，也常常写人，人和事是相随相伴的。事离不开人的参与，人的性格品质需在具体的事中展现。

在统编语文教材七、八年级的单元写作中，有三次侧重于写人的作文专题。七年级上册《写人要抓住特点》专题侧重"描其形"，写出人物个性特征；七年级下册《写出人物的精神》，重在凸显人物的精神品质；八年级上册要求《学写传记》，放眼人物的整个人生历程，在典型的精神品质中突出其影响力和感召力。假如把三大专题看成有内在关联的三个任务群，我们可以看到三者呈逐级上升的趋势。第一次"写人要抓住特点"是后两次专题写作的基础，第三个专题是前两个专题的延展。三次人物写作要求的能力循序渐进，逐级上升。

笔者梳理初中语文统编教材七、八年级中的人物写作专题，围绕人物写作目标，设计真实的写作任务，强化写作内容之间的横向联系，提炼主题（如表5-2所示），以期帮助学生挖掘人物写作资源，实现写作水平的进阶和能力的延伸。

## 表 5-2 "学会写人"相关单元内容及任务提炼

| 教材位置 | 板块 | 内容 | 学习目标 | 大任务 |
|---|---|---|---|---|
| 七上第三单元 | 阅读板块 | 9.从百草园到三味书屋<br>10.再塑生命的人<br>11.《论语》十二章 | 1.感受他人学习智慧,获得人生启示<br>2.学习默读<br>3.学会抓住关键语句,迅速了解文章大意 | 学会写一个人 |
| | 写作板块 | 写人要抓住特点 | 1.学会抓住特征刻画人物<br>2.体会细节描写对于塑造人物的作用<br>3.养成善于观察与积累的习惯 | |
| 七下第一单元 | 阅读板块 | 1.邓稼先<br>2.说和做——记闻一多先生言行片段<br>3.回忆鲁迅先生(节选)<br>4.孙权劝学 | 1.了解课文所涉及的杰出人物的成就和襟怀,把握课文的思想内涵,唤起理想与抱负<br>2.学习精读的方法,注意把握牵动全篇的关键语句或段落,揣摩品味其含义和表达的妙处<br>3.通过对细节描写的分析,把握人物特征,理解人物的思想情感 | |
| | 写作板块 | 写出人物的精神 | 1.理解写人物不仅要写出外在特点,也要注意写出内在精神<br>2.把握人物外在特点和内在精神之间的关系<br>3.运用具体的描写、叙议结合等手法来表现人物精神 | |
| 七下第二单元 | 综合性学习 | 天下国家 | 1.激发心志:爱国人物故事会<br>2.陶冶心灵:爱国诗词朗诵会启发心智:爱国名言展示会 | |

续表

| 教材位置 | 板块 | 内容 | 学习目标 | 大任务 |
|---|---|---|---|---|
| 七下第三单元 | 阅读板块 | 10. 阿长与《山海经》<br>11. 老王<br>12. 台阶<br>13. 卖油翁 | 1. 了解不同叙事文体的基本特征，学会从标题、详略安排、角度选择等方面把握文章重点，提高整体把握文章的结构层次的能力<br>2. 加强文本细读，关注细节描写以及前后内容的内在联系，揣摩人物心理，把握人物形象特点，体会平凡人物身上闪光的品格<br>3. 结合文体特点和作者的叙事风格，展开多种形式的诵读，加深对作者情感态度的理解和对文本意蕴的体悟 | 学会写一个人 |
| | 写作板块 | 抓住细节 | 1. 了解细节描写及常见类型，理解细节描写在写作中的作用<br>2. 学习如何捕捉生活的细节，描写生动的细节<br>3. 注意在写作中运用细节描写来刻画人物、表达情感 | |
| | 名著导读 | 《骆驼祥子》圈点与批注 | 读书方法指导：圈点批注法<br>专题探究：<br>①给祥子写小传<br>②探寻悲剧原因<br>③话说"洋车夫"<br>④品析"京味儿" | |
| 八上第二单元 | 阅读板块 | 5. 藤野先生<br>6. 回忆我的母亲<br>7. 列夫·托尔斯泰<br>8. 美丽的颜色 | 1. 了解回忆性散文、传记呈现的各式各样的人生经历，从文中人物的生平事迹中汲取精神营养，丰富自己的生活体验<br>2. 抓住回忆性散文和传记内容真实、事件典型、注重细节等特点，掌握阅读方法<br>3. 学习课文刻画人物的方法，尝试在自己的写作中借鉴运用；品位风格多样的语言，提高赏析能力 | |

续表

| 教材位置 | 板块 | 内容 | 学习目标 | 大任务 |
|---|---|---|---|---|
| 八上第二单元 | 写作板块 | 学写传记 | 1.提示学生在阅读学习的基础上,自主总结传记的特点,并能够根据自己要记述的对象设计适宜的写作方式<br>2.指导学生学会选择典型的事例来表现人物的个性特点,通过记言述行,展现人物风貌<br>3.引导学生学习在真实的基础上合理发挥想象,适当描写,增强传记的生动性<br>4.通过学写传记,引导学生认识自我,认识他人,思考人生经历,提升人生境界 | 学会写一个人 |

教育心理学家比格斯和科利斯在皮亚杰认知发展阶段理论的基础上提出了SOLO分类理论,这是一种以等级描述为特征的质性评价方法。该理论认为,人在学习新知识过程中表现出的思维阶段是可以观察到的,因此称为"可观察的学习成果结构"。借鉴SOLO分类理论来实施初中写作教学,教师对学生写作这一可观察的学习成果进行判断、评价,再有针对性地调整写作教学策略,可使初中写作教学从无序走向有序,从经验走向科学。

以下是笔者依据SOLO分类理论开展初中写人作文序列化教学的实践探究。

## 一、依托SOLO分类理论,制定写人作文发展性评价量表

比格斯提出的SOLO分类理论主要根据学生对于主观性和理解性任务的反映,依据学生的回答,分别从能力、思维操作、一致性与收敛性、回答结构完整与否四个方面来界定学生的思维层级。SOLO将这种思维层级具体细化为前结构层、单点结构层、多点结构层、关联结构层和抽象拓展水平结构层。五个思维层级并非是静态的和一成不变的,而是处于不断变化螺旋上升的状态。[1]

SOLO分类理论为教师提供了新的分析语文思维能力的视角和方法。该理论

---

[1] 林昭敏,李媛萍,成竹."SOLO分类评价理论"在语文教学实践研究中的新进展——2017年度语文教育论著评析之二[J].中学语文,2018(9):9-14.

对学生学习质量进行评价，不仅符合义务教育阶段"发展思维能力"的语文课程理念及目标，也为教师采用针对性措施提高学生的学习质量提供依据。SOLO 分类理论的各个层次是递进的，教师通过教与学的双边活动及时评判学生的思维层级，从而调整教学以提高学生的思维水平。

新课标对记叙文写作的要求是"表达意图明确，内容具体充实"，笔者再结合统编教材中写人作文的单元目标及所授课班级学生的总体情况，制定了以下"写人作文"发展性评价量表，如表 5-3 所示。

表 5-3 "写人作文"发展性评价量表

| 等级 | 等级特征描述 |
| --- | --- |
| 前结构 | 只了解人物描写的概念，不知如何在写作中运用 |
| 单一结构 | 学会单一的人物描写方法，比如外貌、语言、动作、心理等描写中的一个 |
| 多元结构 | 学会综合运用多种人物的描写方法 |
| 关联结构 | 通过对人物的描写，体现人物的某个性格特点 |
| 拓展结构 | 综合运用人物的描写方法，体现人物多方面性格，注重人物特点之间的关联，集中体现人物某种精神品质 |

当然，该评价表并不是一成不变的。面对不同的学生群体，等级的标准可以适当下调或上浮。各个等级应是相对应的学生"最近发展区"的内容。所以教师在运用层级表之前应对学情有深入的了解，才可有的放矢。

二、以量表为纲，进行序列化写作教学

1. 增添程序性知识，写出人物的"血肉"

写人离不开记事，记事是写人的基础。统编七年级上学期第二单元写作是《学会记事》，第三单元是《写人要抓住特点》。由"学会记事"转入"学习写人"，多数学生作文却出现了"只见事件不见人物"的问题，即叙事苍白，写出的人物没有"血肉"、扁平化。

究其主要原因，一方面，尽管学生在小学阶段对于人物描写的基本方法已经熟悉，但他们只是了解人物描写的概念，并没有深入理解其具体内涵，更不知如何在作文中灵活运用；另一方面，单元写作教材缺少程序性写作知识，学生很难掌握人物描写的要领，自然也写不出人物的个性特点。为此，笔者没有按部就班教教材，而是根据 SOLO 分类理论，观察学生还处于前结构的思维状态，于是调整写作教学，增加补充了教材中缺少的关于人物描写的程序性知识（图5-2），通过微写作练习，指导学生掌握描写人物的具体方法。

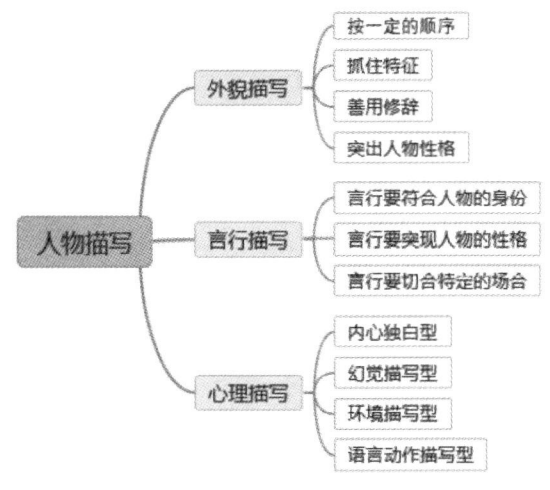

```
人物描写 ┬ 外貌描写 ┬ 按一定的顺序
        │         ├ 抓住特征
        │         ├ 善用修辞
        │         └ 突出人物性格
        ├ 言行描写 ┬ 言行要符合人物的身份
        │         ├ 言行要突现人物的性格
        │         └ 言行要切合特定的场合
        └ 心理描写 ┬ 内心独白型
                  ├ 幻觉描写型
                  ├ 环境描写型
                  └ 语言动作描写型
```

图5-2　人物描写程序性知识

下面是初一（2）班钟同学关于人物心理描写的微写作：

　　早晨，明媚的阳光照进我的窗户，屋里顿时光亮起来。（环境描写型）想想昨天的考试，我的嘴角露出了微笑……

　　来到班上，英语老师早已站定在讲台桌前，面前还有一大沓的英语试卷。我原本平定的心不由得紧张起来：万一考不好，怎么面对"江东父老"？他们会不会……我无法可想了。（内心独白型）上课铃响，英语老师用他那灼热的目光将我们每个人都"扫视"了一遍，仿佛要把我们每个人烧个外焦里嫩。（幻觉描写型）我低下头，不敢与老师的目光"正面交锋"。

　　终于，老师宣布——发试卷。一张"白皙"的试卷倒扣在我的桌上。我立马捂住分数一角，内心斗争了一会儿，翻了过来。我将手稍稍抬起一点，再一点，然后缓缓移开……天哪！一个鲜红的"7"露出来，我顿时瘫坐在座位上！（动作描写型）

　　【**点评**：这篇习作综合运用了心理描写的四种小技巧，把自己看到考试成绩前后复杂的心理感受形象地表达出来。】

从概念到方法，人物描写的四种方法在学生心中不再是一个个干瘪的名词，而是可操作、可运用的程序性知识。从实际写作效果来看，学生写出的人物变得"有血有肉"、立体丰满了。这也为接下来的单元写作目标——写出人物的个性特征，做了很好的铺垫与衔接。

2. 开展"头脑风暴"，写出人物的个性

叶圣陶先生说过："描写人物，假若只就人的共通之点来写，则只能保存人的类型，不能表现出某个人。要表现出某个人，须抓住他给予我们的特殊的印象。"[1] 为了提升学生综合运用人物描写方法的能力，笔者布置了一篇周记《我的妈妈》，要求选取典型的事例、运用人物描写的方法，写出妈妈的特点。

学生笔下的妈妈多数是这样的——

①妈妈的厨艺精湛，每天都为我煮可口的饭菜。

②在我考试失利时候，妈妈没有指责我，而是鼓励我，让我倍感温暖。

③在我生病的时候，妈妈会第一时间送我到医院，对我嘘寒问暖。

④因为操持家务，原本年轻貌美的妈妈，开始有了白发，皱纹也变多了。

……

听完以上内容，学生感觉"天下的妈妈都是一样的"——温柔、慈爱、勤劳、包容等，如此"完美"，接近雷同。那么，如何才能写出人物的个性特征，避免写虚假性或是单一化的人物呢？这不仅需要学生日常的留心与观察，更需要教师去激发学生的写作思维。根据发展性评价量表（表5-3），可以分析得出学生的思维层级处在关联结构层面，为帮助学生将人物的外部特征与其内在性格建立多方面连接，"头脑风暴式"的小组活动不失为一种好方法。

笔者提前一周发布任务——"说说我眼中的同桌"。有了任务驱动，学生的积极性高涨，他们利用课下或课堂的间隙，观察同桌的言谈举止，有时甚至拿出小本子，悄悄记录。活动现场，讨论气氛十分热烈。

通过前期的观察和组内评价，学生从别人眼中"找到"了不一样的自己，原来每个人都是一个多面体，都有丰富、多样的性格特点。同时小组活动也是一个隐形的"合作写作"过程，组内讨论不断激发学生联想、生成更多的写作内容和素材。这也是一个思维生成的过程。

---

[1] 叶圣陶. 叶圣陶语文教育论集[M]. 北京：教育科学出版社，2014：276.

讨论结束，学生顺势完成现场作文《我的同桌》。以下是一位同学的习作片段——

  最引人注目的是他那双被墨水涂黑的浓眉，在这双眉毛下面，有着一双令我羡慕的"卡姿兰大眼睛"。或许是他的眼睛引来了上帝的嫉妒，在眼睛下面是一个较扁的鼻子和一双厚大的嘴唇。
  一次，我碰巧看到他和一位学长打乒乓球。一开始，俊铭像被幸运女神眷顾，打出的球恰好都擦边，学长也很纳闷。接着，两人越打越激烈，俊铭一个旋转球过去，学长用一个反削就把俊铭打蒙了……你来我往中，俊铭渐处于弱势，但他丝毫不气馁，努力反击。渐渐地，俊铭看起来有点力不从心了。我劝他回去，可他还是咬咬牙，坚定地说："我不能走，还没结束呢！"球在乒乓球桌的左右两边飞驰……比赛结果，俊铭输了，但他身上这种坚持不懈的品质真让我刮目相看。
  人无完人，他在学习上却不是很用功，特别是对英语这门学科，可以说是"情有独钟"。在一堂英语课上，老师让我俩一起回答问题，因为他之前没有认真复习，所以单词不会读，当场被老师批评了一顿。
  这就是我的同桌——一个懂得坚持但学习上又有点偷懒的男孩。

这篇习作有两方面优点：一是对同桌俊铭的外貌、动作、语言等方面做了较细致描写，体现人物形象的生动性；二是选取两件事写出俊铭在打球方面懂得坚持，但在学习上又有点偷懒的特点，体现人物性格的丰富性。

不愤不启，不悱不发。参照写作目标及发展性评价量表，师生共同商讨出习作的不足之处：一是，俊铭的外貌描写与人物性格无关联；二是，俊铭的两个优缺点（学习上偷懒与打球时的坚持）之间无连接，这些都导致人物的中心特点不够凸显。如何改进呢？笔者因势利导：写人最重要的是要抓住人物最突出、最有独特个性的特点来写，要集中体现人物的精神品质。这样写出的人物才能吸引读者、留给读者深刻的印象，也才符合叶圣陶先生所说的"特殊的印象"。

3.搭建写作支架，写出人物的精神

杜威在《我们怎样思维》一书中指出，语言是思维的工具，语言不仅可以作为实际的、社交的工具，还可以用来传播知识、帮助思维。[1]统编初中语文教材中很多课文是写人作文的典范，且不乏辩证的思维。

以七年级下学期第三单元课文《阿长与〈山海经〉》为例，在童年鲁迅看来，阿长本不是一个称职的"保姆"，喜欢嚼舌头、告状，睡觉也只顾自己，还有很多烦人的规矩，但她却费了千辛万苦为"我"买来了心心念念的《山海经》。前后矛盾的两种行为，都源自阿长对"我"的关心与爱护。童年鲁迅误解阿长，成年后的鲁迅理解、敬重并深深怀念阿长。作者写阿长这个人物包含了对立统一、用发展变化的眼光认识事物的辩证思维。

八年级上学期第二单元课文都是以写人为主的回忆性散文和传记。茨威格笔下的列夫·托尔斯泰外貌粗鄙、丑陋、普通，却有非同寻常的眼睛和高贵的精神世界。《记承天寺夜游》空明澄澈、疏影摇曳的庭院月光，折射出遭受贬谪的苏轼依然保持自己内心的那份沉静与豁达，在不美的境遇中依然感受到人间之美好。《美丽的颜色》中居里夫妇所取得的辉煌科学成就，与他们恶劣的工作场所形成鲜明的对比，凸显他们身上坚韧、忘我、淡泊的人格魅力。

这些名家名作以辩证的思维（或对立统一的横向比较，或由表及里、由现象到本质的纵向比较），彰显作品的主题、立意，表现出人物的内在精神品质。教师深入教材，挖掘、搭建写作思维支架，引导学生对教学文本内容进行再认识，提升思维品质，学习更传神地写出人物的内在精神品质。

当学生进行复杂人物形象描绘，有时不能明确叙述重点时，教师可为学生提供课文的"写作图表支架"（图5-3）供其模仿，将事件、人物特点等画成树状图或列成表格，通过分析各要素之间的辩证关系，明确叙述、描写的详略安排，突出人物的精神品质。

毕竟是初二学生，理性思维还不成熟，笔者在布置写作任务时，鼓励写作水平相对较好的学生巧妙运用辩证思维写作，并把它放在加分项里。在《学写传记》单元写作时，意外发现不少学生习作散发着辩证思维的光芒，人物的精神品质也更出彩了。这里举三个选段为例：

---

[1] [美]约翰·杜威.我们怎样思维·经验及教育[M].姜文闵，译.北京：人民教育出版社。2005：189.

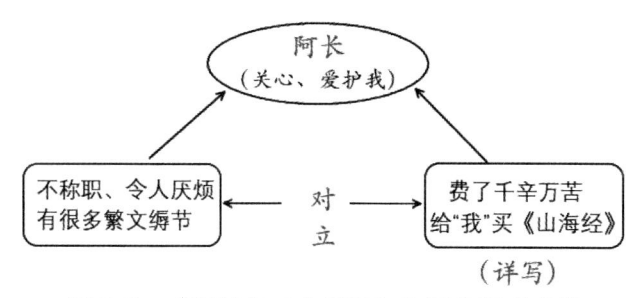

```
         阿长
     (关心、爱护我)
      ↑      ↑
┌──────────┐ 对 ┌──────────┐
│不称职、令人厌烦│   │费了千辛万苦│
│有很多繁文缛节│ 立 │给"我"买《山海经》│
└──────────┘   └──────────┘
                    (详写)
```

图 5-3　《阿长与〈山海经〉》写作图表支架

**学生习作 1：**

　　由于平时太过安静，老师和同学并不知道我会跳街舞，但努力是给自己看的。在街舞中收获的快乐是别的什么都不可替代的……进入初二，学习占据了我生活的大部分时间，街舞也逐渐淡出了我的生活，有时间还是会练一练，最初的那份热爱从未改变。

　　像我这样长相普通，成绩一般，在人群中不耀眼的人，虽然没什么优点，但我以街舞为傲，它改变了我，它使我闪闪发光，这就是我，一个普普通通的我。（阮梓棋）

【**点评**：平凡的外表、不平凡的内心，这是写一个敢于追逐梦想的"我"。】

**学生习作 2：**

　　八岁那年，我升二年级了。二年级是我们学校的最高年级。由于学习成绩优异，又能干，管理全校钥匙的活就落在我身上。平时连起床都要妈妈再三催的我，太阳刚一升起，我就早早起床，吃过早饭，背起小书包，迈着大步去上学了，边走边大喊："妈，我去学校了！"

　　一到学校，打开锁，推开大门的那刹那，我感到无比自豪！（雷平霏）

【**点评**：小小的身躯，大大的责任，这是写一个敢于担当的"我"。】

**学生习作 3：**

　　时间一分一秒地流逝，一次又一次地跌倒，一次又一次地爬起。虽然屡战屡败，但内心对滑板的热情丝毫不减，反而使我更加决心要将它制服！扶着墙壁，抓着栏杆，聚精会神地盯着脚下的风火轮。小心一点，认真一点，努力一点……影子从长变短，从短变长。热爱的力量终于让我尝到了胜利的果实，邻居与路人的赞许目光，让我觉得一切努力都值得！（兰庭凤）

【点评：跌倒过、失败过，但一直不曾放弃，这是写一个执着追求、不言放弃的"我"。】

综上所述，针对实际教学中，学生习作主要存在人物形象扁平化、人物特点单一化、人物精神分散化的问题。笔者结合统编初中语文写人作文的三个单元内容，依托 SOLO 分类理论，制定写人作文发展性评价量表，再以量表为纲，进行旨在提升学生思维能力的序列化写作教学实践，从中得出以下结论。

第一，统编初中语文三年的写作教材是一个整体。教师要心中有教材，更要超越教材，既要宏观把握，又要根据写作目标，将散落各个册次、单元的写作内容，梳理出相应的脉络，比如写人、叙事、写景等系列，制定出适合我们学生实际的学材；再通过序列化的写作教学将各个板块的写作训练有机结合起来，逐步提高学生写作的整体水平。

第二，"思维的提升与发展"是语文的核心素养之一。写作技巧其实都是思维的外化。各种思维方式在写作活动中共同参与并相互作用，呈现由低级向高级的发展，具有一定的层次性。教师必须为学生提供若干便于思维展开且具有可操作性的支架，培养学生形象思维、辩证思维和创作思维等方面的能力，提升学生思维广泛性与深刻性的品质，从而使文章成为学生真实思想与思维的载体，学生笔下人物也才能更加生动形象、个性鲜明。

# 第三节　学习抒情

学会写人记事，就练就了写作的基本功，但是文章不能单纯地"就事论事""就人写人"，没有情感的文章是没有生命力的。正所谓"情动于中而形于言"，所以写文章自然离不开抒情。抒情要把握好分寸，做到有的放矢。生活处处有美景，美景时时动人情，我们要善于发现美，学会抒发真情实感。情感是文字的灵魂，如果作者自己没有感动，绝对不能使读者感动，在写作中，为了更鲜明地表现主题，增强文章的感染力,恰当结合抒情,可以起到画龙点睛的作用。

七年级下册第二单元的《学习抒情》这一写作专题,给了我们明确的指导:情贵在真,要抒发自己的真情实感,做到自然而不做作;情感抒发要恰当,做到收放有节,恰到好处。写作中可以直截了当地表明自己的情感,直接呈现,也可以把情感渗透在叙述、描写和议论之中,含蓄表达。史铁生的《秋天的怀念》之所以感人至深,就是因为文章中蕴含着作者浓烈的情感,读之,催人泪下。(表5-4为"学习抒情"相关单元内容提炼。)

表5-4 "学习抒情"相关单元内容提炼

| 教材位置 | 板块 | 单元内容 | 学习目标 | 大任务 |
| --- | --- | --- | --- | --- |
| 七下第二单元 | 阅读板块 | 1.黄河颂<br>2.老山界<br>3.谁是最可爱的人<br>4.土地的誓言<br>5.木兰诗 | 1.感受本单元课文表现的家国情怀,能说出自己的体验<br>2.了解直接抒情和间接抒情,体会作品的抒情方式<br>3.细心揣摩课文的精彩段落和关键语句,学习做批注 | 学会在写人叙事中抒发情感 |
| | 写作板块 | 学习抒情 | 1.结合本单元学习的课文,了解直接抒情和间接抒情这两种抒情方式<br>2.在情感体验的基础上,理解直接抒情和间接抒情的表达效果<br>3.把握好抒情的度,学习基本的抒情方法 | |

《学习抒情》是统编教材七年级下册第二单元的写作内容,在这一单元阅读教学中,学生感受了《黄河颂》《谁是最可爱的人》《土地的誓言》《木兰诗》等具有浓厚抒情色彩的诗文,也沉浸在浓郁的家国情怀中。根据单元目标,学生不仅要能够体会作品的情境,感受作者的情怀,把握课文的抒情方式及特点,还要学会抒情。

新课标在第四学段"表达与交流"的目标中提出:"写作要感情真挚,力求表达自己对自然、社会、人生的感受、体验和思考,力求有创意。"

诗人白居易有云:"感人心者,莫先乎情。""情"字始见于战国文字,形声字:从心、青声。心表意,表示感情出自内心;青表声,青可指多种颜色,表示情多种多样。本义是感情。"情"在《新华字典》中的解释是："感情，情绪，外界事物所引起的爱、憎、愉快、不愉快、惧怕等的心理状态。"由此，"情由心生"，心完全被触动的体验叫作情感；"情生有由"，情感需要有触发点。把感情表达出来的方式就是"抒情"，"情动于中而行于言"，没有比由衷而发的感情更容易触动人心了，而富有情感的文章最能打动读者。

根据课标、单元写作要求以及学情，基于学生语文核心素养的发展，本次写作指导课的任务已然基本明确：启发学生把握好抒情的度，学习基本的抒情方法，指导学生灵活、简洁、适度地进行记叙中的抒情。即让学生能够学会将主观感情寄托在对人事物的细节的描绘中，委婉含蓄地表达出来。笔者采用以下学习任务群来构建这一作文指导课的教学内容。

一、区分类型，着重体会间接抒情

学生在小学阶段就学习了"抒情"这种表达方式，到了七年级，有必要对"直接抒情"和"间接抒情"的概念有更深入地认识，统编教材在七年级下册第二单元的写作专题部分有对这两者的概念作简要解析，并列举了课文事例。但这些还是属于陈述性知识，不利学生的理解与运用。因此，教师可以通过以下任务将其转化为程序性知识。

【任务一】联系知识卡片，区分以下五个片段，哪些是直接抒情，哪些是间接抒情？

> **知识卡片：**
>
> 抒情方式分为直接抒情和间接抒情。
>
> **直接抒情**，也叫直抒胸臆，指直接对人物和事件等表明爱憎态度。例如郑振铎的《猫》中作者的内心独白："我永无改正我的过失的机会了！"感情强烈、真挚。
>
> **间接抒情**，没有直白的抒情语句，而是把情感渗透在叙述、描写和议论中，由读者慢慢体会。例如《邓稼先》一文中说"邓稼先是中国几千年传统文化所孕育出来的有最高奉献精神的儿子"，在议论中饱含敬仰之情。

片段一：我们祖国的英雄儿女，将要学习你的榜样像你一样的伟大坚强！

像你一样的伟大坚强!

(选自光未然《黄河颂》)

片段二:母亲啊!你是荷叶,我是红莲。心中的雨点来了,除了你,谁是我在无遮拦天空下的荫蔽?

(选自冰心《荷叶·母亲》)

片段三:当我躺在土地上的时候,当我仰望天上的星星,手里握着一把泥土的时候,或者当我回想起儿时的往事的时候,我想起那参天碧绿的白桦林,标直漂亮的白桦树在原野上呻吟;我看见奔流似的马群,听见蒙古狗深夜的嗥鸣和皮鞭滚落在山涧里的脆响……

(选自端木蕻良《土地的誓言》)

片段四:1985年8月邓稼先做了切除直肠癌的手术。次年3月又做了第二次手术。在这期间他和于敏联合署名写了一份关于中华人民共和国核武器发展的建议书。1986年5月邓稼先做了第三次手术,7月29日因全身大出血而逝世。

(选自杨振宁《邓稼先》)

片段五:闻一多先生,是卓越的学者,热情澎湃的优秀诗人,大勇的革命烈士。

他,是口的巨人。他,是行的高标。

(选自臧克家《说和做——记闻一多先生言行片段》)

体会作品的抒情方式是七年级下册第二单元的学习重点之一。如何区别直接抒情和间接抒情,在该单元课文阅读教学中,教师已经有了渗透指导,因此,任务一指导学生联系知识卡片、结合典型片段,学会辨析两者的区别。五个片段中,直接抒情的有片段一、二;间接抒情的有片段三、四、五。间接抒情的片段中,片段三是通过描写来抒情,片段四是通过记叙来抒情,片段五是通过议论来抒情。

【任务二】请将片段三与以下改版片段进行对比,说说你更欣赏哪个片段?

改版:当我躺在土地上的时候,当我仰望天上的星星,手里握着一把泥土的时候，或者当我回想起儿时的往事的时候，我想起东北特有的植物、动物、农作物、物产等，还有那神奇的事情，让我回味无穷、永生难忘！

通过比较发现，片段三的改版虽直接表达了自己对故乡的赞美与怀念，但将东北特有的景物都删掉了，没有细化景物，就没有生动性，读者脑海中缺乏画面感，无法体会东北大地的丰饶美丽。原片段还大量使用了排比和比喻的修辞手法，造成连贯的、逐渐增强的气势，画面形象生动。

由此可见，间接抒情是与直接抒情相对而言的，它不像直接抒情那样直截了当，是指作者的感情渗透在叙述、描写、议论中，感情同写人、叙事、写景、状物融合在一起，这种感情的抒发是渗透在文章的字里行间的。正如王国维在《人间词话》写到"以我观物，故物皆著我之色彩"。直接抒情是情感的直接抒发，直接抒情的具体方法有：直陈肺腑（内心独白）、变换人称（她—你）、善用修辞（比喻、拟人、排比、反问、呼告、反复等）。技法相对简单明了、易于掌握；但间接抒情是把情感和人、事、景、物融为一体，技法多样、值得探讨。两种抒情方式没有高下之分，但中国传统的审美观念崇尚含蓄之美，情感抒发也以间接抒情为主。

但要注意一点，记叙文是以记叙为主要表达方式，文中的抒情就应是在充分记叙的基础上有感而发，切不可喧宾夺主。七年级下册第二单元课文在写作上也是综合运用多种表达方式。

【任务三】下面表格中的几段文字都运用了间接抒情的手法，请根据提示，选出对应的抒情方法。（可多选）

| 类别 | 示例 | 抒情方法 |
| --- | --- | --- |
| 融情于景 | ①故乡的土壤是香的。（选自端木蕻良《土地的誓言》） | B |
| | ②我想起红布似的高粱，金黄的豆粒，黑色的土地，红玉的脸庞，黑玉的眼睛，斑斓的山雕，奔驰的鹿群，带着松香气味的煤块，带着赤色的足金。（选自端木蕻良《土地的誓言》） | A、C、E |
| | ③天上闪烁的星星好像黑色幕上缀着的宝石，它跟我们这样地接近哪！黑的山峰像巨人一样矗立在面前。四围的山把这山谷包围得像一口井。（选自陆定一《老山界》） | C、E |

续表

| 类别 | 示例 | 抒情方法 |
| --- | --- | --- |
| 融情于事（人） | ④德国强占山东胶州湾，"租借"99年。<br>俄国强占辽宁旅顺大连，"租借"25年。<br>法国强占广东广州湾，"租借"99年。<br>英国强占山东威海卫与香港新界，前者"租借"25年，后者"租借"99年，那是中华民族任人宰割的时代，是有亡国灭种的危险的时代。<br>（选自杨振宁《邓稼先》） | C、D |
| | ⑤我想那缥缈的空中，定然有美丽的街市。街市上陈列的一些物品，定然是世上没有的珍奇。<br>（选自郭沫若《天上的街市》） | F |
| | ⑥而闻先生大无畏地在群众大会上，大骂特务，慷慨淋漓，并指着这群败类说："你们站出来！你们站出来！"<br>（选自《说和做——记闻一多先生言行片段》） | G |
| | ⑦出门看火伴，火伴皆惊忙。（选自《木兰诗》） | H |
| 融情于理 | ⑧我们的战士：他们的品质是那样得纯洁和高尚，他们的意志是那样地坚韧和刚强，他们的气质是那样地淳朴和谦逊，他们的胸怀是那样地美丽和宽广。　（选自魏巍《谁是最可爱的人》） | C |
| 抒情方法：A.借助代表性的意象　B.改变事物特性　C.借助修辞　D.借助句式与排列<br>E.借助联想　F.借助想象　G.借助人物描写　H.借助侧面描写烘托 | | |

以上任务引用已学课文的抒情句段，提示抒情方法的类别，通过完成表格内容，学生对间接抒情的方法有了直观的认识。

"一切景语皆情语"，间接抒情的特点是抒情含蓄婉转，富有韵味，感染力强。间接抒情一般可以通过叙述抒情，作者在叙述时加上自己的主观感情色彩，根据感情的流动来叙述，使读者在阅读过程中感受作者的思想感情，细化景物、巧用修辞，即是"让情感形象生动"；也可以通过描写来抒情，描摹人物（精雕肖像、刻画神态、突出语言、延长动作），即是"让情感站立起来"；还可以通过议论抒情，作者在议论中，表达强烈的爱憎、褒贬之情，即议论点睛，是"让情感深邃无底"。只有综合运用多种间接抒情的方法，才能做到语言优美而又富有感情色彩。

## 二、选取恰当意象，抒写故乡

在间接抒情的诸多方法中，选取意象抒情更符合七年学生的思维特征——以

续表

形象思维为主，单元阅读课文也常借助意象来间接抒情。因此，笔者接着设置以下任务：

【任务四】请选取你印象深刻的和家乡有关的3个意象，完成句子填空。
　　说到 福安 （故乡），我就会想起 猪油拌面　　　　　　　　　　；
　　说到 福安 （故乡），我就会想起 光饼　　　　　　　　　　　　；
　　说到 福安 （故乡），我就会想起 　白云山　　　　　　　　　　。
　　……

（备注：横线上的内容是部分学生的回答）

任务四主要是激发学生发散思维，从自己的生活积累中调取和家乡有关的相应的形象，借此表达对自己对家乡的情感。在课堂教学中，学生对这个问题的确很感兴趣，回答也很踊跃，但一说到家乡，学生的答案就是某个食物或是景物。这也反映出学生的直觉思维内容单一，缺乏情感与美感。这时，教师可通过升格作文来丰富学生的想象与思维空间。

【任务五】借鉴课文选段的抒情方法，完成习作片段升格。
　　课文范例：不必说碧绿的菜畦，光滑的石井栏，高大的皂荚树，紫红的桑葚；也不必说鸣蝉在树叶里长吟，肥胖的黄蜂伏在菜花上，轻捷的叫天子（云雀）忽然从草间直窜向云霄里去了……
　　我的发现：_____
　　片段升格：_____

课文范例选取的是七年级上册第三单元鲁迅先生《从百草园到三味书屋》中关于百草园的一段描写，文章第2段的景物描写本身就非常精彩，选段中的"光滑"使人联想童年鲁迅常常在这里玩耍，且一定多次好奇地摸过它，才会对这一特征念不忘。说黄蜂"肥胖"，不仅是它的体态较别的昆虫肥大，而且是儿童特别的感觉。叫天子忽然间"直窜向云霄里去了"，也不单写出这种鸟儿的机灵轻捷，还表现出儿童的羡意。通过温习经典片段，加之教师的引导，学生可以发现，描写景物加上修饰语和修辞手法，可以使景物变得多姿多彩，有声有色，情感也更加丰富。

升格写作中，有一学生一开始是这样写的："说到穆阳（故乡），我就会想起使人塞牙的穆阳烤肉。"之后修改成："说到穆阳（故乡），我就会想起富有嚼劲的穆阳烤肉。"最后的定稿是这样："说到穆阳（故乡），我就会想起令人唇齿生香的穆阳烤肉。"整个写作过程也就是学生语言表达不断完善、思想情感不断被激发、提升的过程。

课后，很多学生受本课教学的启发，自觉地将习作片段进行扩展，写到日记中，以下列举其中的几篇优秀习作片段。

优秀习作1：

　　说到福安，我就会想起那诱人的肉片汤。每次在回家的路上，会路过许多"夜间美食"，而我唯独钟爱那肉片汤。热气腾腾的肉片端了上来，紫菜、姜丝、豆角、香菜是肉片的标配。舀起一勺肉片，上面还泛着水光，悠悠热气缓缓升起，入口，好一个鲜嫩多汁，好一个Q弹爽滑。徐徐凉风吹来，夜色渐深，一碗肉片也被我一尝而尽。

优秀习作2：

　　说到福安，我就会听到南湖悠扬的打更声。打更是历史的产物，从中国唐朝时期就已延续至今，"吭吭"的更声，清脆而又响亮。伴随着"天干物燥，小心火烛"的中气之声，似乎诉说着几百年、几千年以来的种种故事，令人浮想联翩。只可惜，因时代的更迭，现在的福安也只有在南湖一带，也只有那一人敲响着更声，但只要声音还在，福安的古文气也就久之不去，更声一响，再繁华的街道也会安静下来。

优秀习作3：

　　说到福安，我就会想起乌米饭，作为"畲家三宝"之一的乌米饭，深受大家喜爱。山林中，几个乡亲们正采摘着乌稔树的叶子，悠闲地唱着山歌，乌稔树叶一篮又一篮。村里变热闹了：一位老爷爷将新鲜的乌稔树叶放到石白里捣碎,新鲜的叶子,在他的妙手下化成浆,沥去渣就变成了黝黑的乌叶汁。力壮的小伙子搬来桶和精选的糯米,乌桕叶汁与糯米聚到一起,在搅拌过后,盖上盖子,再由妇女们进行下一个工序……

乌米饭出锅了,吃下去不仅仅是过节的满足和欢喜感,更有对自然的赞美与热爱。我能看到山林与一张张乡亲的脸庞,听到泉水叮咚,叶子拍打的声音,这就是我深爱的家乡!

### 三、创设真实情境,抒写乡情

新课标在课程实施中提出建议:"创设真实而富有意义的学习情境,凸显语文学习的实践性。"语文学习情境源于生活中语言文字运用的真实需求,服务于解决现实生活的真实问题。创设情境,应建立语文学习、社会生活和学生经验之间的关联,符合学生认知水平;应整合关键的语文知识和语文能力,体现运用语文解决典型问题的过程和方法。教师应利用无时不有、无处不在的语文学习资源与实践机会,引导学生关注家庭生活、校园生活、社会生活等相关经验,增强在各种场合学语文、用语文的意识,建设开放的语文学习空间,激发学生探究问题、解决问题的兴趣和热情,引导学生在多样的日常生活场景和社会实践活动中学习语言文字运用。

由此,教师有目的地引入或创设具有一定情绪色彩的,以形象为主体的生动具体的场景,能引起学生一定的态度体验,从而帮助学生理解教材,并使学生的心理机制能得到发展的。也就是,教师要善于运用来源于学生鲜活生活的情境材料来激发学生内在写作的欲望。

李海林老师在《论真实的作文》一文中提出只有语境的真实才能焕发出真正强大的写作动机。这个语境的真实有时并不一定是真实的生活,关键要有真实的情境和真实的功能,这些构成了写作的真实情感动力。

其实,抒写家乡不能仅仅局限于家乡的饮食特色和名胜景区,更重要的是要"看到"家乡的文化,这种文化的传承才是今天学生需要重点关注的。也有学者认为:人的文化气质和心理特征,是这个地方最鲜明、最直接的表意符号。从文化的视觉去打量,比单纯从自然风景去观看,风景更为美妙。总之,最美的风景是人!

为了帮助学生拓宽写作思路,笔者设置了以下任务。

**【任务六】** 观看视频《中国福安》，再次思考并梳理家乡印象，完成表格内容。

视频画外音：总要来一趟福安吧，我带你到廉村走走，看看薛令之的故乡。听一听红色故事，吹一吹田间山风，再去趟白云山，看一场亿万年石白的变迁。对了……别忘了去赏一赏万亩桃花，还有那夜景里的石马兜古街，饿了……就去吃碗带着烟火气的拌面，感受豆腐脑在唇齿间流动的辛辣口感。这是我的家乡——福安。欢迎你来到这个质朴的地方。

教室里播放着《中国福安》的视频，娓娓道来的画外音，美如画的家乡风景，将学生带入了一种美好的情境中，也能调动学生的五官，全方位感受家乡的风景、民俗及与家乡有关的人和事等，这些激起了学生情感上的波澜和思想上的共鸣。看完视频，当教师问学生："写家乡，你还可以写什么？"受视频的启发，学生的写作思路全盘开放，有学生说想写居住在老家的奶奶和那里的人们，还有的说想写廉村、红色革命故事等等。

| 我的家乡 ||
| --- | --- |
| 家乡的美景 | |
| 家乡的物产 | |
| 家乡的风俗 | |
| 与家乡有关的人 | |
| 与家乡有关的事 | |

这时，教师需要适时给学生补充与家乡人文有关的知识。

比如，福安廉村，是唐代"开闽第一进士"薛令之的故乡，村名为唐肃宗敕封，是一个以"廉文化"为核心，具有明清建筑风貌、古代商埠特色、传统古堡防御和完整宗族聚居体系的山水田园传统村落。明代时称为"廉村堡"，古堡内遍布以石条、石块拼嵌成八卦、太极、麦穗等图形的古官道，官道两侧尚存明清民居26座、清代祠庙4座。2012年12月17日，廉村被公布为第一批中国传统村落。

还有立峰村的来历。马立峰是福建省福安市溪柄镇立峰村马厝村人。1929年2月加入中国共产党。被党组织派回福安工作，曾任中共福安县委委员兼南区委书记、闽东苏维埃政府主席等职。1935年2月8日，马立峰带警卫人员转移到柘洋下坪凤落洋（凤阳坝），因叛徒出卖被敌军包围，在突围战斗中壮烈牺牲。之后，在马立峰所在的村为了纪念马立峰，改名为立峰村。

学生在教师的引导下，一边填写表格内容，一边开始更深入地思考如何写出自己内心对家乡的情感。因为有了一定的思想情感积累，对于任务七，学生也就能快速写完篇作文了。

**【任务七】** 根据下面题目要求，完成作文《乡情》。

"故乡的歌，是一支清远的笛，总在有月亮的晚上想起——"（席慕蓉）故乡有许多难忘的人和事，找到最触动你心灵的"柔软之处"，用所学知识书写你最真挚的情感。请以《乡情》为题，写一篇记叙文。

写作助手：

① 交代清楚事件必要的来龙去脉。

② 找准事件中的情感触发点。

③ 直接抒情和间接抒情相结合。

④ 合理运用多种间接抒情的方法。

⑤ 抒发的情感要真实适度。

⑥ 抒情的最高境界是让读者产生共情。

任务七是对学生综合运用直接抒情和间接抒情的写作技法的考查。写作助手重点提示间接抒情方法的运用。其中，找准事件中的情感触发点，就是要留意那些触动你内心的细节，它可以是一个静态的画面、一句话、一个动作、甚至是一个表情。

学生完成习作后，教师从中选出以下两篇文章，让各学习小组根据写作助手的要求进行评价。

A 文

### 乡　情

在家乡的生活丰富多彩，有空闲的时间便可以去那座山爬爬。那座山上有一座庙。当我每次去爬时，总会去那庙里拜一拜，再花1元钱从里面拿支笔。据说，那庙里的笔会给人带来好运，虽说我用那笔考过高分，可更多的是努力。

不想爬山时，也可以去风景优美的下歧村玩玩。下歧村是渔民们上岸的家，一幢幢房子排列整齐的在那，似一个个巨人。

在下歧村的广场还有一个海盗船，海盗船外边有一个似游泳的地方，听下歧村的人说，那个地方夏天可以用来泡脚。广场十分大，那还有玻璃桥，玻璃桥边有一个真的船，只不过现在被锁了，进不去。也可以去白马江坐轮船，体验坐船的感觉，拍拍海上的风景，听听海浪的声音，闻闻海水的味道。

B文

## 乡　情

想想出生到现在已经10多年了，这么多年，我去过许多地方，无论是城市还是小村庄，都非常美，但我最不能忘记的还是我的家乡——霍童。

早晨，霍童溪上早已飘着一层仙气，走在旁边就如同走在仙境一般，好有一种快感。过一会儿，人们出来摆摊了，最勾魂的就是芋头包了。我们那说："来霍童不吃芋头包，等于白来。"那味道十分美味，肉质又Q弹，但那皮有着芋头的黏性，像小孩一般待在碗里不出来。

再来说说霍童的习俗吧，每月的初一、初五人们都要到庙里向神仙供奉，烧香，摆供品。这都是为了保佑自己的家庭顺顺利利、平平安安。而重头戏还得是二月二，不去，当然不知道有多热闹。全镇人民挤在大街小巷之中，就是为了看舞龙、灯会、高跷，你听是谁家孩子作业没写完？出不了门玩儿，在家里哭泣呢？

当然，人们最爱的还是线狮。不管家离那有多远，一听说有线狮，就算在上班也要去看……那鼓声响彻云霄，那狮子的眼睛炯炯有神，飞狮时，狮子的毛发也在空中飘动，花花绿绿的毛，漂亮极了。但鼓声只要切换节奏，狮子的动作就要换。根据我的观察，我了解什么鼓声，就是狮子的什么动作，比如三敲停一下，然后接着重复，就是飞狮前的左右跳的鼓声。飞狮时是敲长一段停住，锣与镲敲一声，随后重复……

小时候只觉得拉线狮好玩，但真的去拉，你要有力气拉动那五六十斤的狮子，你还要掌握动作的要领，不能转多，也不能转少。还要会下台，下不好就会卡在那里。但就算再难，我觉我要学这属于我们霍童的文化，我想：哪天要是没人拉了，我还会啊！我还要去教大家，一定不让这项"非遗"失传，因为这属于我的家乡,我热爱她。

　　我十分爱我的故乡,爱这里的景色,爱这里的食物,更爱这里的习俗文化。

　　比较两篇文章,A文的不足很明显:小作者只是蜻蜓点水式地罗列家乡的几个景点,事件脉络不清晰,对景物没有细致描写,也感受不到作者的情感。B文则相反,小作者的情感真挚热烈:不仅开头和结尾处,直接抒发自己对家乡发自内心的热爱,而且文章主体部分通过叙述了自己观看霍童拉线狮的过程,间接抒发自己愿意继承和发扬家乡"非遗"文化的决心。两篇文章之所以有差异的关键在于是否找对"动情点""情感触发点"。只有寻到好的"动情点",学生的情感表达才能引向细微处,也才能保证高质量的抒情。而探究"怎样的细节"实则是引导学生通过回忆、描摹那些相关的人物、景物的一系列细节来重温那些真挚细腻的情感。

　　学生讨论、评价两篇文章的过程,也加深其对运用直接抒情和间接抒情两种抒情方式准确表达自己的情感的理解。

　　总之,教师在进行"学习抒情"这一主题的写作教学指导时,要充分调动教材资源,充分调动学生的情感体验,从知识和方法两方面对学生进行引导。一般可依照以下几个步骤:第一步,以此前学过课文中关于直接抒情和间接抒情的语段为例,引导学生了解直接抒情和间接抒情的含义;第二步,通过教材上有关间接抒情资料的学习和运用,帮助学生了解并掌握间接抒情的用法;第三步,引导学生回忆让自己感觉具有真切而细腻的情感体验的一件事,启发学生进行抒情要交代事件的来龙去脉;最后一步,引导学生整合前面学到的写作支架进行写作实践,从而将学到的两种抒情方式相关知识与方法进行应用与操练。表象是写作上的不断细化和深化,内在是逻辑上的逐层递进,情感上的不断升华。

## 第四节　学会描写景物

　　著名特级教师黄厚江老师说过,作文要想拿高分,没有一两处"描写"是不大可能的。描写,就是用生动形象的语言把人物或景物具体描绘出来的一种手法。其中,景物描写的作用不容小觑,它能为文章增色不少。

会写景，是会记事、会写人之外的很重要的一种能力，是初中生需熟练掌握的写作能力。不过，学生在描写景物时，大部分学生只会对景物做简单地叙述，他们不会抓住景物的特点，也不会调动多种感官进行描写，更不会综合运用写作手法，使景物描写生动形象、饱含情感。

尽管初中语文统编教材将"学习描写景物"写作专题放在八年级上册第三单元，但七年级上册第一单元的《春》《济南的冬天》《雨的四季》这三篇阅读课文都是非常典型的写景抒情散文，它们从多个角度生动细致地描写了景物特征，并融入了作者丰富的情感。七年级上册第二单元是以写亲情的叙事散文为主，但也不乏生动的景物描写。

比如《散步》一文中的片段：

> 这南方的初春的田野！大块儿小块儿的新绿随意地铺着，有的浓，有的淡；树枝上的嫩芽儿也密了；田里的冬水也咕咕地起着水泡儿……这一切都使人想着一样东西——生命。

> 她的眼睛顺小路望过去：那里有金色的菜花、两行整齐的桑树，尽头一口水波粼粼的鱼塘。

这些景物描写，点染了春天的美丽和生机，传达出万物复苏的生命感慨，还展现了一家人散步的美好情景和幸福心情。

又如《秋天的怀念》的结尾段：

> 又是秋天，妹妹推我去北海看了菊花。黄色的花淡雅，白色的花高洁，紫红色的花热烈而深沉，泼泼洒洒，秋风中正开得烂漫。我懂得母亲没有说完的话。妹妹也懂。我俩在一块儿，要好好儿活……

这段写了盛开的各色菊花，象征母亲的期望：不同的花有不同的特点，每个人可以绽放属于自己美丽的花。无论遭遇怎样的厄运，无论选择什么样的人生之路，都要活得坚韧、活出尊严，活出自我生命的个性与美丽。

此外七年级下册《紫藤萝瀑布》《一棵小桃树》等课文都有精彩的景物描写。这些课文的学习为学生学习景物描写做了很好的铺垫。

八年级上册第三单元的写作专题实践有以下三个内容：①描写校园一景；②描写自家窗外景物；③描写自己喜欢的一个季节。如果三个任务都选择，写作时间上不允许，也不利于集中训练学生描写景物的能力。我校初中部有60%的畲族学生，语文基础相对薄弱，且他们多数是寄宿生，学校属于半封闭管理，学生的大部分时间都在校园里学习、生活。因而，"校园一景"作为学生最熟悉的场景，这个题目难度相对最低。

因此，纵观整个初中语文教材，笔者锁定以校园一角——"地理生物园"为景物描写的主要写作对象，遵循学生思维发展规律和学生写作规律，采用进阶式的写作任务设置，带领学生通过模仿课文写片段，观察收集素材，参加征文投稿等实践活动，逐步掌握观察景物的方法和学习运用描写景物的技巧，并培养对学校的热爱之情。在此之前，笔者首先对教材中涉及"写景"的课文作一专门梳理并提炼任务，如表5-5所示。

表5-5　"学会描写景物"相关单元内容及任务提炼

| 教材位置 | 板块 | 单元内容 | 学习目标 | 大任务 |
|---|---|---|---|---|
| 七上第一单元 | 阅读板块 | 6.春<br>7.济南的冬天<br>8.雨的四季<br>9.古代诗歌四 | 1.感受课文中丰富多彩的景物之美，激发对大自然、对人生的热爱<br>2.掌握朗读的要领，重点学习重音和停连，通过朗读深入体会诗文的思想感情<br>3.揣摩课文语言，提高鉴赏能力，初步体会文学语言的表达手法 | 学会描写景物 |
| | 写作板块 | 热爱生活，热爱写作 | 1.激发对生活、对写作的热情，明了写作与生活的关系，增强用语言文字表达思想感情的信心<br>2.热爱自然，关注自然，用心感受大自然的景物变化，从描写大自然的优美诗文中吸取精神营养，并借鉴写作方法<br>3.用心感受家庭生活和校园生活，捕捉美好、有趣、有意义的瞬间，记录自己的感受体验 | |

| 教材位置 | 板块 | 单元内容 | 学习目标 | 大任务 |
|---|---|---|---|---|
| 八上第三单元 | 阅读板块 | 9.三峡<br>10.短文二篇<br>答谢中书<br>记承天寺夜游<br>11.与朱元思书<br>12.唐诗五首 | 1.从古人歌咏山水的优美篇章中获得美的享受，净化心灵，陶冶情操，激发对祖国山川的热爱，培养高尚的审美情趣<br>2.在反复诵读、整体感知的基础上，借助联想和想象，仔细品味诗文，体会作者的情怀<br>3.提高借助注释和工具书自主阅读古诗文的能力，积累常见文言实词和虚词 | |
| | 写作板块 | 学习描写景物 | 1.养成观察的习惯，学习从多个方面观察景物的方法，通过观察抓住景物特征<br>2.尝试运用多种手法，结合各种感官的感受，从不同角度描写景物<br>3.体会情景交融的感染力，尝试描写景物时恰当地融入情感，使景物鲜活起来 | |

## 一、以读促写 模仿课文写片段

七年级上册第一单元的三篇散文，都是写景抒情的名家名篇。朱自清的《春》，以生动形象的笔法，多层次、多角度地描写一个特定时令的景象；老舍的《济南的冬天》，描写和赞美济南冬天的风貌；刘湛秋的《雨的四季》，则不限于一时一地，而是描写大自然四季里多姿多彩的雨的形象。这些名篇描绘了优美的四时之景，抒发了真挚热烈的情感，营造了美好而深远的意境，都是学生学习景物描写的典范。

在教授这些课文的时候，教师要有意识地渗透写作技法的指导，即作家是如何将景物的特点生动地呈现在读者面前的，文章饱含怎样的情感等。

七年级上册第一单元《济南的冬天》《雨的四季》的课后练习及该单元写作专题"热爱生活，热爱写作"中的写作实践部分均设置了"描写景物"的片段作文。学生在小学阶段也进行过"描写景物"写作训练，因此，教师可充分利用课后作业这个环节，布置以下的写作任务。

【任务一】借鉴课文的某些写法，就我校"地理生物园"的风景写一个片段，不少于200字。

续表

写作提示：注意抓住景物特点，从景物的形、色、味、声和你的感受等方面描写，还可以借助比喻、拟人、排比等多种手法，力求语言生动形象。

课文范例：

最妙的是下点小雪呀。看吧，山上的矮松越发青黑，树尖上顶着一髻儿白花，好像日本看护妇。山尖全白了，给蓝天镶上一道银边。山坡上，有的地方雪厚点，有的地方草色还露着；这样，一道白，一道暗黄，给山们穿上一件带水纹的花衣；看着看着，这件花衣好像被风儿吹动，叫你希望看见一点更美的山的肌肤。等到快日落的时候，微黄的阳光斜照在山腰上，那点儿薄雪好像忽然害了羞，微微露出点儿粉色。就是下小雪吧，济南是受不住大雪的，那些小山太秀气！

（《济南的冬天》选段）

该任务改编自《济南的冬天》的课后练习，将原题中的"就你家乡冬天的风景写一个片段"更改为："我校'地理生物园'的风景写一个片段"，并作为一项课后作业让学生完成，不占用课堂教学的时间。学生在学习了课文《春》《济南的冬天》之后，已经掌握了一定的景物描写的技巧，加上有课文范例和题目中的写作提示（写作支架），学生对这道题目的完成，相对驾轻就熟。

学生优秀习作一：

### 校园一角

我们兴高采烈地跑进"地理生物园"。一个巨大的球状物体立在我们面前，球体周身有多个龙头。每个龙头嘴里都含着一个银球，龙头的下方均有一只"蟾蜍"与其对应，似乎要随时接住掉下来的银珠。地动仪！我终于想起了它的名字。此时，一阵清风吹来，仿佛缕缕丝绸从身体上抚过，舒服极了。阳光照在脸上，让人不觉心生暖意。沙沙，叶子轻轻摆动，在阳光的映衬下闪闪发光，仿佛一个个正在跳舞的小姑娘。远处传来笑声，原来是几个同学在沙堆上玩儿呢。四周还有李白、李四光、华罗庚和张衡等人的纪念塑像。

读着上面刻的名言，我陷入沉思……

**学生优秀习作二：**

### 校园一角

  位处科技楼和忠勇楼之间的校园一角——"地理生物园"，总是散发着无限魅力。你看！夏季的阳光洒在树梢上，浓密的枝叶间仍漏下几束调皮的光。摇曳的光斑印染在祖国的大美河川——"中国地貌"模型上，蔚蓝的湖泊、河网稠密的平原、起伏崎岖的山地……让人目不暇接。而园中心那古铜色、富有历史感的地动仪，更是引发我对中国几千年文明发展的自豪。此时，耳畔忽然响起此起彼伏的喧嚣声——蝉鸣！在地理生物园的"万物"中，似乎只有它敢于挑衅夏日的狂傲。它高歌于树上，仿佛也在赞颂这绚丽的知识殿堂。

  风过林梢，青春年少的我们正一同走过葱郁的树荫，一起阅览这熠熠生辉的文化瑰宝……

两位学生的优秀习作，都对"地理生物园"中的"地动仪"进行了重点描写，小作者充分调动自己的感官，运用视觉、听觉、触觉以及联想和想象，写出自己的所见所闻所感，景物描写生动细腻。

## 二、任务驱动，小组合作观察景物

  积极的语文实践活动，可以帮助学生联结课堂内外，拓宽语文学习和运用领域。通过七年级的学习，学生对描写景物的方法有了一定的积累，接下来，进入八年级之后，特别是八年级上册第三单元的学习，教师要对该单元的写作训练要做整体规划。

  观察是景物描写的基础。在进行写作专题训练之前可设置任务二的活动，即，全班同学被分成若干个观察小组，以小组为单位进行为期两周的观察活动。各小组成员每天或隔天到"地理生物园"选取某个景物进行观察，并将观察结果记录到报告清单上。观察过程中若有发现问题，可以小组讨论或请教相关学科老师。

**【任务二】** 以小组为单元，观察"地理生物园"的某个景物，完成报告清单。

报告清单

记录：第___组

| | 观察对象 | 观察时间/角度 | 景物特点 | 感受 | 困惑及解答 |
|---|---|---|---|---|---|
| 地理园 | 1. 百叶箱 | 下午放学后，仰视、平视 | 白色、外形特征像一个长方体 | 好奇、纳闷 | 困惑：百叶箱外壳的作用是什么？解答：百叶箱的外壳是用来防止太阳对仪器的直接辐射和地面对仪器的反射辐射，还能保护仪器免受强风、雨、雪等天气的影响，并且要有适当的通风，使仪器感应部分能感知到外界，从而能真实地测量外界的温度和湿度变化。 |
| | 2. | | | | |
| | …… | | | | |
| 生物园 | 1. | | | | |
| | 2. | | | | |
| | …… | | | | |

小组合作的形式有利于组员之间的互帮互助，还可以增强学生的责任意识。小组成员之间会互相提醒每天完成观察任务。报告清单能清晰地记录下学生每次观察到的景物特点及变化过程。他们遇到不了解的问题，小组内部互相讨论、查找资料或是咨询老师，这个过程就是学生不断深入探究、发现景物特点的过程。当然，报告清单的项目只是供学生参考，学生完全可以根据个人自我需求进行适当增减。这样的过程，也可以促进学生沟通交流、发现问题和解决问题等能力的提升。

三、归纳梳理，学以致用写征文

经过近半个月的定点观察，班级学生已经学会从多个角度去体悟"地理生物园"中各种景物的独特之处。这时，教师可引导学生以此为基础，结合课内所学的方法，学会迁移运用并写好"描写景物"的文章。

八年级上册第三单元的人文主题是"山川之美",所选篇目均为歌咏山川风物之灵秀的名篇,寄寓着作者宽广深厚的情感体验。该单元写作训练"学习描写景物",一方面是对本单元阅读中所学习的写作技巧的课堂实践,另一方面是对七年级分散学习景物描写的集中训练,是"写景抒情"这一主线的拓展延伸。

教师可设置以下任务,指导学生先梳理归纳出单元阅读课文描写景物的方法,再通过参加征文活动提升写作实践能力。

【任务三】请同学们回顾本单元所学的四篇写景散文,填写下面表格比较异同,学会梳理归纳描写景物的方法,并自制思维导图及写作评价表。

|  |  | 《三峡》 | 《答谢中书书》 | 《记承天寺夜游》 | 《与朱元思书》 |
| --- | --- | --- | --- | --- | --- |
| 景物特征 |  | 雄奇险拔<br>清幽秀丽 | 秀美 | 清幽宁静 | 秀丽 |
| 写景顺序 |  | 逻辑顺序<br>时间顺序 | 空间顺序<br>时间顺序 | 时间顺序 | 仰观、俯视<br>远眺、近看 |
| 观察角度 |  | 俯视、仰视 | 仰观、俯视<br>远眺、近看 | 俯视 | 俯视、平视<br>仰视、远眺 |
| 写法 | 调动感官 | 视觉、听觉 | 视觉、听觉 | 视觉 | 视觉、听觉 |
|  | 修辞手法 | 夸张、互文、引用 | 夸张、借代<br>对偶 | 比喻、反问 | 比喻、夸张<br>对偶、拟人 |
|  | 表现手法 | 正、侧面描写相结合 | 动静结合 | 侧面描写<br>动静结合 | 动静结合 |
| 情感表现 |  | 融情于景 | 直抒胸臆 | 情景交融 | 借景抒情 |

思维导图示例:

本项任务安排在单元教学之后,表格内容的设置可以由教师和学生一起完成,包括项目的选择、内容的梳理,学生和教师一起思考写景抒情类文章需要哪些关键语文要素。思维导图和写作评价表的制作也不固定一种模式,尽量切合符合学生自身需求,教师给予适当的引导和帮助。这些图表的制作与完成,可以让学生的思维过程可视化,对学生的联想想象、分析比较、归纳判断等思维能力的提升有很好的帮助。

表 5-6　"描写景物"写作评价量表

| 项目 | 内容 |
|---|---|
| 观察方法 | 定点观察（　　）　移步换景（　　） |
| 描写顺序 | 时间顺序（　　）　空间顺序（　　）　逻辑顺序（　　） |
| 观察角度 | 俯视（　）仰视（　）平视（　）近看（　）远望（　） |
| 调动感官 | 视觉（　）听觉（　）触觉（　）味觉（　）嗅觉（　） |
| 语言表达 | 多种修辞（　　）形容词等修饰语丰富（　　） |
| 景物特征 | 静态（　）动态（　）动静结合（　　）色彩丰富（　　） |
| 情感表达 | 直抒胸臆（　）借景抒情（　）融情于景（　）情感缺乏（　） |

描写景物和刻画人物一样，首先要抓住景物特征，从形状、色彩、声音等方面入手展开描绘，充分调动各种感官，多视角并发，动静态结合，这样的景才能灵动精致，让人产生身临其境之感。当然写景不是终极目的，"一切景语皆情语"写景要融入情感，这样的景物更鲜活，更具感染力。

在片段习作中，很多学生的景物描写是"放之四海而皆准"，缺少独特的情感体验，只是单纯地为了写景而写景，为此，笔者设置了以下情境任务。

[任务四] 请同学们根据以下征稿启事的要求，积极参加参加征文活动。

**征稿启事**

我校即将迎来65周年校庆，为了给校庆专刊"添砖加瓦"，校组委会面向全体学生开展主题为"美丽的校园"的征文活动。稿件要求：内容真实、情感真挚、图文并茂。

要求：1. 根据写作评价量表完成创作，并配图（手绘）；

2. 通过自评、组内互评，评选小组佳作，分组上台展示；

3. 班级投票选出优秀作文（配图）推荐给校庆组委会。

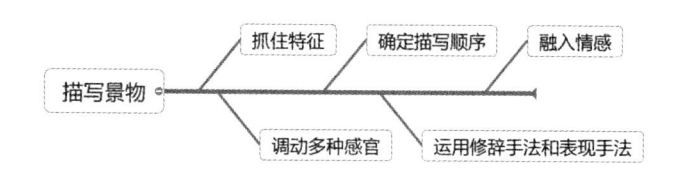

```
                    ┌── 抓住特征 ── 确定描写顺序 ── 融入情感
        描写景物 ───┤
                    └── 调动多种感官 ── 运用修辞手法和表现手法
```

学生优秀习作：

## 美丽的校园

清晨，我迎着阳光向这里走来；傍晚，我随着夕阳离开这里。

这里就是我的校园——一个温馨美丽的家园。

在校园中，我最喜欢的地方就是地理生物园了。站在入口处，首先映入眼帘的是一排翠绿的小竹林。它就像一个指示牌，标志着地理生物园到了。走进园中，挺立在两侧的是名人塑像，每一个雕像都被花丛包围着，茂密的嫩叶上，有的表面覆盖着一些小水珠，在阳光的照耀下，便自带光芒般闪闪发光。

继续往里走，脚下是用小石子铺成的小路。仰头看，上面是大榕树垂下的树须。旁边还有几棵桂花树，到了季节便散发出了那独特的清香，小石子路上还有一些淡黄色的桂花散落在地上，别有一番风味。到了秋季，树叶落下来地面，地面一片金黄，而我最大的乐趣就是去踩落叶，一片、两片、三片……伴着"咔嚓、咔嚓"的声音。落叶有时还会附着在地理山脉模型上。这些模型个个色彩丰富，造型独特。每次经过都会忍不住多看几眼，驻足思考其中的奥妙。

雨后的园子也别有一番韵味，很多动物模型经过雨水的冲刷，变得干干净净、亮亮堂堂，十分好看。地上还有几个积水池，站在积水旁看去，此时它就像一台投影仪，里面投射碧蓝的天空、充满生机的枝头，耳边还可以听到清脆的鸟叫声……一切都是如此的静谧美好。

这就是我美丽的校园！

（学生手绘图——地理生物园）

教师通过创设情境任务——参加迎接校庆的主题征文活动，在具体真实的活动中，引导学生在写作实践中既要感受自然风物之美，学习抓住景物特征，用语言文字营造立体感、画面感，又要通过书写景物寄托个人情怀（表达对学校的热爱），达到情景交融的效果。这也是学生学习感受美、发现美和运用语言文字表现美、创造美的过程。

由此，"学习景物描写"四个学习任务呈现一定的梯度，围绕写好校园一角——"地理生物园"为主题，由片段习作到文章写作，循序渐进，环环相扣、螺旋式上升。

七年级上册，教师搭建写作范例支架，指导学生借鉴课文景物描写的语言表达、写作方法等，迁移运用到自己的写作实践中。八年级的阅读单元教学前，指导学生运用项目化学习任务单对校园（地理生物园）内熟悉的景物进行观察、记录，填写报告单，收集写作素材，同时注重与其他学科的跨界融合，提升学生的综合素养；在单元教学完成后，师生一起共同梳理与景物描写有关的语文要素，学生通过比对探究、绘制思维导图和写作评价表，加深对景物描写方法的理解；最后，创设真实情境，指导学生参加"美丽的校园"主题征文活动，学生结合评价标准创作，在自评、互评中进行习作成果交流、推送优秀征稿等，这些进一步建构学生的知识能力体系，发展学生的核心素养，也有利于立德树人根本目标的实现。

那么，该写作专题中的第二个写作实践是描写自家窗外景物，从校园场景延伸至学生生活中的地方，这就考验学生平日里对生活的留心观察，难度有所上升。

第三个写作实践则是写一个季节的景物，范围逐渐变大，这就需要学生自己来选取景物，这两个任务可以分配给对写作有兴趣或热爱、留心生活细节和心思细腻的学生。实际上，在大单元视域下，写作教学强调情境性，也强调因材施教、分层设计，这与我们教材中写作板块的写作实践不谋而合。教师可以根据学生的个体差异采取分层布置任务的形式，在每个不同的任务中创设不同的情境，让不同层次的学生都能完成。

# 第六章

## 写作实践二：大单元视域下初中语文议论文写作序列建构

新课标从不同的视角提出了发展与提升学生语文思维能力和思维品质的基本要求。议论文具有论点鲜明、论据充分、论证完整的特点，且其行文逻辑、推理过程十分严密，因而在培养学生思维能力方面具有优势。将思维能力培养与初中议论文写作教学相结合不仅满足新课标要求，也符合新时代对人才培养的需求。

## 第一节　初中议论文写作教学的主题提炼与内容确定

何谓"议论文"？夏丏尊说："发挥自己的主张，批评别人的意见，以使人承认为目的的文字，称为议论文。"议论文是以议论为主要表达方式，可兼用其他表达方式，以鲜明的态度表明自己的观点和主张，以充分的材料证明其观点和主张的一种文体。议论文通常具备论点、论据、论证三要素，议论文的写作教学也基本围绕这三要素展开。

1. 大单元视域下初中语文议论文写作教学的主题提炼

新课标对第四学段议论文写作教学的目标是："写简单的议论性文章，做到观点明确，有理有据。"同时，课程内容"思辨性阅读与表达"学习任务群指出，要"引导学生在语文实践活动中，通过阅读、比较、推断、质疑、讨论等方式，梳理观点、事实与材料及其关系"，"负责任、有中心、有条理、重证据地表达，培养理性思维和理性精神"。思辨能力是思维能力的具体表现，主要特征包括独立思考、理性分析、辩证表达，这也是该学习任务群培养的核心。

初中语文统编教材按主题集中编排了三个议论文写作专题，分别是"观点要明确""议论要言之有据""论证要合理"，对应教材位置是：九年级上册第二、第三单元和第五单元。三个专题紧紧围绕议论文的三个要素，形成一个议论文写作的序列。具体而言，九年级上册第二单元是议论文学习的初始阶段，其学习重点在于了解议论性文章的基本特点，把握作者的观点，对观点和材料的要求主要是"区分"，对论证方法的要求主要是了解常见的几种论证方法，并初步学习。到了第五单元，相关的教学目标就应有所提高。例如，对观点和材料就不仅是"区分"，还应对其做出分析，还要理解二者之间的联系；而对论证方法的要求，也应进一步提高到要掌握、运用的水平。

依据新课标及统编初中语文教材对议论文写作的要求，笔者从中提炼出的大主题、大任务是：写一篇一般性规范的议论文，即写一篇观点明确、论据可靠贴切、论证合理的议论文。

表 6-1 统编初中语文教材议论文单元内容及任务提炼

| 教材位置 | 板块 | 单元内容 | 学习目标 | 大任务 |
| --- | --- | --- | --- | --- |
| 九上第二单元 | 阅读板块 | 6.敬业与乐业<br>7.就英法联军远征中国致巴特勒上尉的信<br>8.论教养<br>9.精神的三间小屋 | 1.了解议论性文章的基本特点<br>2.正确把握作者的观点，区分观点与材料<br>3.理清论证的思路，学习论证的方法 | 学会写一篇一般性规范的议论文 |
| | 写作板块 | 观点要明确 | 1.认真思考生活和社会现象，有针对性地提出观点<br>2.学会提炼观点，力求明晰、简明，提高思辨能力<br>3.在文章中凸显观点 | |
| | 综合性学习 | 君子自强不息 | 1.认识自强不息的内涵<br>2.寻找自强不息的人物<br>3.演讲：青年当自强不息 | |

续表

| 教材位置 | 板块 | 单元内容 | 学习目标 | 大任务 |
| --- | --- | --- | --- | --- |
| 九上第三单元 | 写作板块 | 议论要言之有据 | 1.围绕自己确定的观点，选取与之相对应的材料<br>2.使用真实准确、经得起推敲的材料<br>3.注意材料使用的丰富性，增强文章的说服力 | |
| 九上第五单元 | 阅读板块 | 17.《中国人失掉自信力了吗》<br>18.《怀疑与学问》<br>19.《谈创造性思维》<br>20.《创造宣言》 | 1.学习联系时代背景，把握作者的观点，理解文章的中心论点<br>2.能区分观点与材料，把握观点与材料之间的联系，了解驳论的特点，理解议论文逻辑严密、思辨性强的特点<br>3.学习常见的论证方法，体会议论文严谨、准确、具有逻辑力量的语言特点<br>4.培养学生实事求是、敢于质疑的科学精神和大胆设想、勇于创造的创新精神 | |
| | 写作板块 | 论证要合理 | 1.论证要合乎逻辑，观点要一致，概念要统一<br>2.明确观点和材料的联系，使用的材料能够支持观点<br>3.选择恰当的论证方法 | |
| | 口语交际 | 讨论 | 1.了解讨论的意义和作用<br>2.掌握讨论的特点与规则<br>3.学习并运用常见的讨论方法 | |

续表

| 教材位置 | 板块 | 单元内容 | 学习目标 | 大任务 |
|---|---|---|---|---|
| 九下第四单元 | 阅读板块 | 13. 短文两篇<br>　　谈读书<br>　　不求甚解<br>14. 山水画的意境<br>15. 无言之美<br>16. 驱遣我们的想象 | 1. 阅读浅显的文艺论文，把握核心概念，理清概念间的关系，理解作者的观点<br>2. 梳理文章的论述思路，学习辩证分析问题的方法，提升思维品质<br>3. 发现疑难问题，在独立思考的基础上，拓展阅读相关资料，有自己的见解<br>4. 学习文中介绍的读书和鉴赏方法，迁移运用，提高鉴赏文学作品的能力，获得读书的乐趣 | |
| | 写作板块 | 修改润色 | 1. 能根据基本要求修改自己的文章<br>2. 在多次训练中强化学生的修改能力，提升逻辑思维能力<br>3. 培养修改润色的兴趣，养成写作中多次修改的习惯 | |
| | 口语交际 | 辩论 | 1. 通过实例，了解辩论的性质和意义，了解辩论活动的组织形式<br>2. 组织班级辩论赛，在实践中学习和掌握辩论的基本技巧，提高辩论能力和综合素养 | |

2. 初中语文议论文写作教学内容的调整

初中语文统编教材的编排整体呈现循序渐进、螺旋上升的特点。

就议论文阅读教学系列而言，统编教材在七年级上下册及八年级选编了《纪念白求恩》《最苦与最乐》《应有格物致知精神》这三篇议论文，八年级上册还选编《永久的生命》《我为什么活着》《富贵不能淫》《生于忧患，死于安乐》《虽有佳肴》等议论性散文，此外还有"撰写演讲稿"写作专题等，这些都为学习议论文写作打下了基础。尽管如此，根据统编初中语文教材的整体规划，初中学生真正开始系统学习议论文，尤其是议论文写作，应该是从九年级上册开始的。

从文章类型看，九年级上册两个议论文阅读单元的课文，其中既有"议论"得比较典型的《敬业与乐业》，也有"议论"得不那么典型的，像《就英法联军远征中国致巴特勒上尉的信》是书信，《论教养》和《精神的三间小屋》是说理为主的散文。第五单元的《中国人失掉自信力了吗》《怀疑与学问》《谈创造性思维》《创造宣言》这四篇文章，都带有思辨色彩，是第二单元议论性文章的延伸和深化。九年级下册第四单元将议论文的范畴拓展到了文艺论文，该单元语文要素的核心是阅读文艺论文，建构阅读此类文章的阅读策略。所选的五课文，除《谈读书》《不求甚解》分别是随笔、杂文，属于一般的议论性文章外，另外三篇（《山水画的意境》《无言之美》《驱遣我们的想象》）都是较为典范的文艺论文，文艺论文作为议论性文章的一种，其阅读策略与一般议论文有相同之处。但因其作为一种特殊的议论文，有较强的学科属性、独特的价值定位以及特殊的写作方式。

从读写结合的角度来看，九年级上册两个单元的阅读教学与该单元的写作专题有一定的适配度，而九年级上册第三单元写作"议论要言之有据"和九年级下册第四单元的写作内容"修改润色"都与该单元的阅读课文都不相匹配。

皮亚杰的认知发展理论认为，九年级的学生正处于形式运算阶段，开始不再依靠具体事物来运算，而能对抽象的和表征的材料进行逻辑运算，也就是逻辑抽象思维的发展逐渐占据主导地位，不再需要借助具体的事物进行引导。依据九年级学生的心理认知特征，议论文写作教学应与学生的思维训练相辅相成、相互发展，从理解议论文的相关概念，到学会迁移运用议论文相关知识写作，再到学生思维品质的提升；从形象思维发展到形式逻辑发展，最后到辩证推理的发展，这些都要环环相扣、紧密结合。

《敬业与乐业》选自九年级上册第二单元，来源于梁启超先生的《饮冰室合集》，是一篇以"人生与事业的关系"为主题的演讲稿，此篇文章具有较典型的议论文特征，其观点明确、结构清晰、论据合理且丰富，因而，在议论文的写作指导中，教师可将其作为蓝本，展开分阶段、有目标、序列化的议论文写作教学活动。

综上所述，教师在进行初中议论文写作大单元设计时，需要以统编版初中语文教材议论文的编排为载体，主要根据九年级上册两个议论文单元的特点，对教学目标和教学重难点做出整体规划和合理安排，形成序列。具体而言，议论文写作专题一方面尽量与各单元的阅读教学相配合，从读写结合的角度整合教学内容；另一方面也考虑写作自身的体系，使之能够成为一个相对自足的写作教学体系。九年级上册第二单元"观点要明确"着重于论点的学习，九年级上册第三单元"议论要言之有据"着重于论据的学习，九年级上册第五单元"论证要合理"着重于论证的学习，从论点到论据再到论证，层层点拨，由点及面，由浅入深，循序渐进，相互勾连，最后让学生全面掌握议论文写作的操作要领。每一个板块内的写作主题、写作目标、写作知识、写作指导和写作实践之间也相互勾连，互为补充，从查找材料到分析材料到模仿材料到自主写作，形成一个闭环结构。

所以，只有立足新课标和教材要求，结合初中生心理特点，通过创设情境任务，激发学生议论文写作的兴趣，更新完善思维能力培养策略，最终才能达到提升学生议论文写作水平和思维能力的目的。

## 第二节　观点要明确

要想写好议论文，首先要有一个明确的观点，也就是对问题有一个鲜明的态度和立场。刚进入九年级的学生，对议论文知识知之甚少，甚至有些只停留在议论文三要素这一层面上。不仅如此，多数学生习惯了叙事文体的写作，对议论文的写作有畏难心理。

掌握事实性知识是学习概念性知识的基础，学生若不知道什么是观点，更不会在文中明确表达观点了。因此，教师可不急于开始九年级上册第二单元的阅读教学，而是将教学步骤做个调整，先让学生了解议论文文体的相关常识及"观点要明确"的内容要点，再以《敬业与乐业》的阅读教学为蓝本，结合第二、五单元的其他议论文进行议论文写作教学。

## 一、厘清"观点"的概念特征

教师先通过思维导图（如图6-1）的形式帮助学生理清议论文的文体知识（议论文的三要素），再进一步帮助学生理解观点的概念。观点就是议论性文章中的论点，议论文中作者对所论述问题的见解和主张。我们谈论某个话题、评说某种现象，通常用一个陈述性的判断语句，直接表明作者主张什么，反对什么，这就是观点。议论文的观点要明确，就是要求论点要正确、明确、有针对性。正确即要求论点本身符合客观实际，立得住脚，而不是片面、绝对甚至错误、荒谬的观点。有针对性，要求论有所指，论有所用。论有所指则要求观点直接针对某种现象展开，不做泛泛之论；论有所用要求观点要面向生活，深入思考生活，而且能用思考所得指导生活。

为了进一步使学生明确观点的概念，笔者设置以下任务。

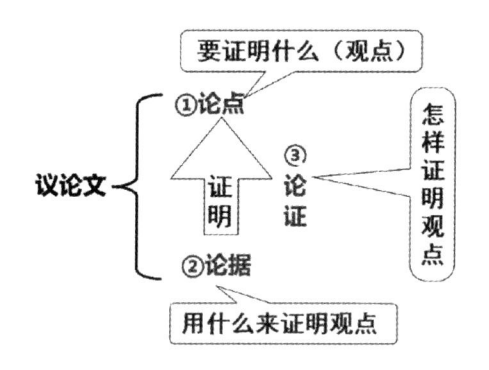

图6-1 议论文写作三要素思维导图

**【任务一】** 下面的三段文字，分别表明了怎样的观点？你能看出来吗？说说你的理由。

文段一：国家实施"双减"政策以来，家长们众说纷纭。那么，到底应不应该假期补课呢？我觉得可以从不同角度去分析。从国家教育部门的安排来看，假期是为了让学生和老师得到充分的休息，劳逸结合才能更好地学习和工作，假期补课实际上是学生和老师在极度疲劳状态下进行学习，工作、学习效率应该是极为低下的，并且影响了老师和学生的身体健康。从家长和学生的前途来考虑，个别家长对于放假的孩子管理不善，再加上个别孩子自控能力较弱，可能会导致孩子太过于贪玩，从而影响了孩子的学业，进而影响孩子的前途。所以，到底节假日补课好不好，真是不好说。

文段二：我们在学校要做一个好学生，在家里要做一个好孩子，在社会上要做一个好公民。做一个好学生才能学习好，成为国家栋梁，在家里做一个好孩子，才不会惹父母生气，体现孝道，在社会上做一个好公民，才能被大家所认可和接受。

文段三：诚信是个人立身之本，民族存亡之根。一个不讲诚信的人是社会的危险品，将会遭到众人的唾弃，而一个不讲诚信的民族是莫大的悲哀，将无法在国际上立足。因此，我们当代大学生更应当身体力行，从我做起，从点滴做起，把诚写在脸上，把信装在心里。这样才能在不久的将来担负起建设祖国的重任，才能让我们的祖国更加繁荣昌盛。

【任务二】 对比以下两种表述，哪个适合作为文章的观点？

原文：中国学生应有格物致知精神。　　　　——《应有格物致知精神》

改写：中国学生是不是应该有格物致知的精神呢？

【任务三】 下面列举了一些表达观点的常用句式，请你根据提示，将相应的语句补充完整：

| | |
|---|---|
| 诚实是做人的基本品格。 | 青少年爱玩电子游戏是_____。 |
| 人应当敬业、乐业。 | 人在困难面前必须_____。 |
| 脸上常带微笑，能够让你更美丽。 | 勇敢面对困难，将会_____。 |

任务一，师生共同讨论发现，文段一观点不够明确，模棱两可；文段二论说范围过宽，面面俱到，缺乏针对性；文段三观点鲜明，简明扼要，符合观点的要求。

任务二，原文的观点出自八年级下册的丁肇中先生的一篇演讲稿《应有格物致知精神》。作为一名接受过中西方教育的科学家，丁肇中先生深知中西方教育的差异，所以本文针对我国基础教育忽视培养学生的创新精神和实践能力这一现象展开，开宗明义指出中国学生应有格物致知精神这一中心论点，提出对中国人的希望，立意正确。原文的观点是一个肯定的判断句，且作者在题目就简明扼要、态度鲜明地表达了自己的观点。而改写的观点是一个疑问句，观点不清晰，显然不适合作为论点。

任务三，是任务二的延伸，强化学生了解什么样的句式适合作为论点。答案可以这样写：①青少年爱玩电子游戏是有害的。②人在困难面前必须勇敢、坚强、乐观。③勇敢面对困难，将会获得成功。由此归纳观点表述的常见句式：用一个明确的判断句来表述，如"……是……""……要／应当／必须……""……能够／将会……"。

结合以上三个任务，教师顺势总结一篇文章的观点一般具备以下几个特点：观点一定要正确、鲜明、有针对性；观点的表述通常是一个陈述性的判断语句，语言简明，直接表明作者主张什么，反对什么；观点一般出现在文章的题目、开头或结尾。

## 二、分析判断议论性文章的观点

学生明确了观点的内涵和特点之后，需要在实践中加以巩固，为此，笔者设置了以下任务。

**【任务四】** 通读《敬业与乐业》全文，勾画每段的中心句，分析段落之间的关系，找出统领全文的中心句。

第1段：但我确信"敬业乐业"四个字，是人类生活的不二法门。

第2段：……先要说说有业之必要。

第3段：人生一切毛病都有药可医，唯有无业游民，虽大圣人碰着他，也没有办法。

第4段：唐朝百丈禅师"一日不做事，一日不吃饭"的事例。

第5段：我征引儒门、佛门这两段话，不外证明人人都要有正当职业，人人都要不断地劳作。

第6段：第一要敬业。

第7段：怎样才能把一种劳作做到圆满呢？唯一的秘诀就是忠实，忠实从心理上发出来的便是敬。

第8段：第二要乐业。

第9段：今天所讲，敬业即是责任心，乐业即是趣味。我深信人类合理的生活总该如此……

【任务五】 根据所学的方法，梳理归纳第二单元另外三篇课文的论点，完成下面表格。

| 课文 | 论点 |
| --- | --- |
| 6.《敬业与乐业》 | "敬业乐业"四个字，是人类生活的不二法门 |
| 7.《就英法联军远征中国致巴特勒上尉的信》 | 谴责英法联军侵略中国、劫掠毁灭圆明园的罪行，同情遭受劫难的中国 |
| 8.《论教养》 | 一个有教养的人，必定从心里愿意尊重别人，也善于尊重别人 |
| 9.《精神的三间小屋》 | 构建自己的精神世界 |

任务四，学生梳理出全文各段落的中心句后，比较容易找到《敬业与乐业》开篇处就简明扼要地提出本文的中心论点，即"敬业乐业"四个字，是人类生活的不二法门。梁超先生认为，"敬业乐业"是人类生活的最好的方法态度十分鲜明。这篇文章是1922年梁启超先生在上海中华职业学校为学生所做的演讲，对学生进行职业道德启蒙教育。本文观点立意正确，有很强的针对性。

任务五要求找出另外三篇观点，可是，学生无论是直接从文章寻找观点句，还是梳理内容概括观点都存在一定困难。这时，教师可借助以下思维支架帮助学生概括或表述议论文的观点。

归纳文章中心论点的方法：

①论点常出现的位置：标题、开头、结尾等。

②是否是明晰的判断，如"我确信""是""要"等。

③是否统领全文（文章始终围绕论点展开论述）。

怎样在文章中凸显观点？《应有格物致知精神》用题目凸显观点；《敬业与乐业》在开头亮明观点，用分论点处处照应观点；《论教养》在结尾出总结观点。可见，在文章的什么地方提出观点，要视具体情况而定，没有一成不变的法则。

约翰·杜威在《我们如何思维》一书中强调："我们在教育中怎样强调概念

理解的重要性都不过分。也就是说，概念的含义具有通用价值，因为尽管有所不同，但它们的含义在各种不同情况下都是可以应用的……当我们陷入懵懂未知之境时，它们是我们可以参考的已知……没有概念生成的过程，就不能获得任何知识的迁移，更不能对新体验产生更好的理解。"

以上任务可以很好地帮助学生巩固对"观点"认识，对后续写好文章观点有很重要的作用。

### 三、学会拟写议论文的论点

学生学会从文章中提炼归纳论点并正确表述观点，这对观点内涵就有了初步认识。论点是一篇议论文中最重要的一个部分，是统帅。议论文写作的第一步是要"围绕题目或材料的要求，形成一个旗帜鲜明的观点，并用一个明确的句子将观点表述出来"。这也是九年级上册第二单元"观点要明确"的写作目标。但遗憾的是，该单元写作指导并没有提供相应的教材来辅助指导学生，为此，教师有必要补充相关内容进行过程性指导。

从材料中提炼观点的方法很多，教师可以选取相对简单容易的着手，便于学生快速入门。

**【任务六】** 阅读以下三则材料，分别从中提炼一个观点，并说出你的根据。

材料一：古代有一个渔翁，一天，在井里用网捞了两条大鲤鱼；第二天，在井里捞到了三条鲫鱼；第三天，仅仅捞到了几只米虾；第四天，第五天……什么也没捞到……

材料二：一位年轻人事业无成非常郁闷，一天他在海滩上遇到一位老人。老人抓起一把沙子扔在沙滩上，问："你能找到吗？"年轻人说不能。老人又抓起一颗珍珠扔在沙滩上，问："这回呢？"年轻人说能。年轻人恍然大悟，一个人只有做珍珠才能得到别人的认可。

材料三：齐宣王喜欢听吹竽，每次都要三百人一齐吹奏。根本不会吹竽的南郭先生混在里面凑数，照样得到很多赏赐。宣王死后，他的儿子齐湣王继承王位，却要每个人单独吹给他听。南郭先生听后就逃跑了。

以上三则材料分别采用不同的方法来归纳出论点。

材料一，先让学生找出事件的结果，即渔翁从捞到鲤鱼到鲫鱼到米虾，最后什么也没捞到，再引导学生找出事件的原因，学生根据材料及自己的想象，分析原因，比如井里捞鱼空间不宽、水域狭窄、藏鱼不多等。这样一个分析的步骤就是由果溯因联想法。由此，可归纳论点："到广阔的空间去撒网方有丰硕的收获""方法比努力重要"等。

材料二，引导学生抓住关键语句："一个人只有做珍珠才能得到别人的认可。"这句话鼓励人们拒绝平庸，做最耀眼的珍珠。可见，抓住材料中的关键语句，可以快速找到论点。

材料三，是学生相对熟悉的寓言故事。从南郭先生的角度看，南郭先生因为弄虚作假，最终畏罪潜逃了。这就是告诉人们：人要有真才实学。从两个皇帝的角度看：共同点是都喜欢寻欢作乐，区别在于，齐宣王喜听合奏，齐湣王喜听独奏，结果一个被大伙"忽悠"，众人不敢作假。由此可以得出：作为领导者要务实、要有识别人才的眼力等观点。从其他乐师的角度看：可谓事不关己，高高挂起，从中可得出：我们要敢于抨击不正之风，好好先生要不得等观点。

材料三运用的是多角度分析法，"多角度"既可以着眼于甲事物立意，又可以着眼于乙事物立意，还可以着眼于甲乙两事物的关系立意；既可以联系事物（对象）的正面立意，还可以联系其侧面和反面立意。角度是看问题的出发点，角度不能偏离材料整体。尽量整体把握材料的内涵、主旨。有几个人物，就有几个角度；有几个原因，就有几个角度；有几种情感、态度，就有几个角度；角度分优劣：主要人物，主要原因，新颖独特，有现实指导意义的角度，贴近生活的角度，自己驾轻就熟，材料丰富的才是最佳角度。此种方法最考验学生的思辨能力，也是对学生的较高要求。

总之，学习议论文可以先从事实性知识入手，这是为学生掌握概念性知识做准备。学写观点是议论文写作的起步阶段，教师可以适当降低难度，先通过一些浅显议论语段的对比，让学生在比较辨析中明白观点的基本特点及如何正确表述观点，再以单元课文为例，帮助学生学习迁移运用。在此基础之上，教师应适当补充相关事例素材，教会学生学会从材料中提炼观点的方法。

## 第三节 议论要言之有据

议论文不仅要提出观点,还要有能证明观点的材料。言之有据,才能让人信服。用来证明观点的材料,就是论据。议论文如何做到"言之有据"?

笔者根据教材要求及学生实际情况,选取"议论要言之有据"写作实践二的内容作为大情境任务:

孔子说:"人而无信,不知其可也。"(《论语·为政》)诚信,自古就是一种美德。欺诈、造假等不讲诚信的现象历来为人们所深恶痛绝。请以《谈诚信》为题,写一篇议论文。不少于600字。

提示:

1.选定一个角度,形成一个明确的观点。

2.围绕自己确定的观点,选取恰当的材料。

教师再通过以下活动设置,引导学生达成写作目标。

### 一、明确论据的分类及特点

论据有两种类型:事实论据和道理论据。事实论据包括:有代表性古今中外的事例,现实中的现象,自己的经历,确凿的数据,可靠的史实等,事实论据要真实可靠、有代表性;道理论据包括:名言警句、民间谚语和精辟的理论等。

【任务一】 根据表格内容对《敬业与乐业》中引用的名言进行归类,并分析其特点。

| 名言 | 大意 | 出处 | 论述内容 | 正/反 |
| --- | --- | --- | --- | --- |
| 饱食终日,无所用心,难矣哉! | 整天吃饱了饭,不肯动脑筋去做点儿事,这种人是很难造就呀! | 《论语》 | 强调有业的必要 | 反面 |
| 群居终日,言不及义,好行小慧,难矣哉! | 和大家整天混在一起,不说一句有道理的话,只是卖弄小聪明,这种人是很难教导的呀! | 《论语》 | | 反面 |

续表

| 名言 | 大意 | 出处 | 论述内容 | 正/反 |
|---|---|---|---|---|
| 主一无适便是敬。 | 专一无杂念就是敬业。 | 《论语集注》 | 什么是敬 | |
| 虽天地之大，万物之多，而唯吾蜩翼之知。 | 用心专一就可以达成目标。 | 《庄子》 | 怎样做到敬业 | 正面 |
| 坐这山，望那山，一事无成。 | 不专心于自己目前能做的事情，却总是想着其他更好的事情，因此导致了眼下的事做不好，最终一事无成。 | 曾文正 | 不敬业的害处 | 反面 |
| 用志不分，乃凝于神。 | 用心专一，就能集中精神。 | 《庄子》 | 强调敬业的重要性 | 正面 |
| 素其位而行，不愿乎其外。 | 安于现在所处的地位，并努力做应当做的事情。 | 《礼记》 | | 正面 |

（备注：表格内容为参考）

**【任务二】**除道理论据外，梁启超先生还举了很多事例规劝大学生们要"有业敬业乐业"，请加以概括，并分析其论证的内容。

《敬业与乐业》一文是九年级议论文单元重点讲授的课文之一。任务一通过图表的方式，可以让学生一目了然地看到《敬业与乐业》一文中使用了大量名言警句，这些道理论据均出自历史典籍，准确可靠。每个道理论据能扣合文章相应的观点。既有正、反面，有古代和近代，有名言警句也有俗语等，且属于不同流派的观点，有儒家、道家等，丰富多元。作者还考虑到现场的听众是大学生，作为演讲稿，需要让听众容易明白，所以部分名言转化为听众容易听懂的语言来叙述，比如第6段中"主一无适便是敬。"这句，作者紧接着"用现在的话讲……"这样便于听众有清晰的认识，也体现作者风格修养。

任务二当中，主要考查学生对事实论据的理解与概括。作者举"百丈禅师一日不做事，一日不吃饭"的事例，论证"有业之必要"的观点，还举"当大总统的人把当总统当正经事来做,拉黄包车的人把拉车当正经事来做"的事例论证"凡职业都是可敬的"的观点等。百丈禅师的事例是个人、具体、典型的事例,当总统、拉车的、木匠、挑粪的事例是概括的列举,且贴近生活,有一定代表性。全文所举的事实论据具有扣合观点且丰富多元的特点。

这样综合起来看,道理论据精辟、深刻、权威,事实论据具体、鲜活、真实。将二者结合,能够增强观点的说服力。"有比较才有鉴别",将正面论据与反面论据相结合,也能够有力论证观点。道理论据和事实论据不是简单摆放在一起,而是要使事例的要旨与道理的内涵对应一致,相互印证,这才是真正的结合。

在议论文写作中,一两个例子难免有以偏概全之嫌,为了证明论点,常常需要一组事实论据,若是读者比较熟悉的材料,不必详述,每个事例只需一句话概括列举出来就行了。既简明扼要,又气势如虹。但运用多个论据证明观点,并不是将多个论据直接堆砌在一起。我们首先是根据论点确定论证的逻辑思路,按照合理的逻辑思路使用论据,将不同角度的论据有序的组合在一起。平时人们常提到的"古今中外""不同学科",是比较表面的角度。其实,不同角度论据有序组合的背后,是严密清晰的论证思路。只有建立起论证的逻辑链条,根据论证的需要选取论据。论据才能真正的丰富多元,论证才能有更强的说服力。

在任务一、二完成的基础上,教师引导学生归纳总结论据组合的类型:

1. 同类"组例"(同类组合)

同类组合就是单个论据不能有效地论证观点,这时可以筛选一些相同或相似的事例,按照时空关系或例子内涵的相似性进行组合,通过相同的素材特质,来证明观点,增加文章的气势。

2. 正反"组例"(正反组合)

事例有正面的也有反面的,如果仅从正面(反面)去阐述事理,有时难免会顾此失彼,使文章的论述缺乏严密性。这时,最需要的就是正反组合。

正反组合的运用范围很广,因为可以进行对比的方式很多,中与外、古与今、大与小、强与弱等,都适合于进行对比。可以横比(不同事物、不同类事物之间的对比),可以纵比(同一事物自身前后不同阶段之间的对比)。

3. 点面"组例"(点面组合)

"点"就是能够有力论证论点的某个事例,这个事例要详写;"面"就是与

"点"内容相对应的，同样具有针对性、典型性的一般事例。这些事例尽人皆知，略写即可。此法适用于考试时见到话题或题目后，一时想不到那么多可用的事例的情况。这时，可从想到的那些与论点相贴近或相一致的有限的事例论据中，选择自己认为较典型、把握较全面的事例论据稍做详细叙述，并加以挖掘，与之相关的其他事例论据则可简笔带过做次要叙述。

## 二、选取典型的论据

论据与观点一致，才能证明观点。在准确把握观点内涵的同时，仔细分析、辨别材料的要旨，要选择能够证明观点的材料做论据。教师可设置以下任务。

【任务三】 下面两个论据放入文中哪个位置更合适呢？请选择，并说明理由。

论据1：中国"杂交水稻之父"袁隆平，为了实现水稻高产的梦想，克服了许多困难。"文革"中，用于试验的秧苗被人全部拔除，他没有放弃；在将野生稻与栽培稻做杂交试验时，稻谷没有明显的增产，他没有退缩……因为他心中一直有这个梦想：用杂交水稻为人类解决温饱。在刻苦奋斗中为全人类创造美好生活，是他最大的快乐。

论据2：从谷超豪到邓稼先、孙家栋，科学家们或埋头于复杂的数字演算，或跋涉在人迹罕至的荒漠，或坚守在偏僻孤寂的实验室，虽有艰辛，但乐趣无穷。为了科技攻关，科学家们战胜了无数的挑战，攀登了无数的险峰。正是在这样的过程中，他们享受着因不断畅想、发现、创造、超越而带来的种种乐趣。

文段：因为凡一件职业，总有许多层累、曲折，倘能身入其中，看他变化、进展的状态，最为亲切有味。【论据2】第二，因为每一职业之成就，离不了奋斗；一步一步地奋斗前去，从刻苦中将快乐的分量加增。【论据1】第三，职业性质，常常要和同业的人比较骈进，好像赛球一般，因竞胜而得快乐。第四，专心做一职业时，把许多游思、妄想杜绝了，省却无限烦恼。

论据1和论据2在内容上相似，但仔细分析，会发现，论据1强调袁隆平为了实现自己为人类解决温饱的梦想，遇到许多困难，但他依然没有放弃，刻苦努力，这个过程让他快乐。论据2侧重写科学家们为了攻关，虽有艰辛，但也战胜了无数挑战，乐趣无穷。学生通过对事例与论点之间的细致比对，发现论据2适合证明第一个观点，论据1适合论证第二个观点。

任务三完成的过程也是让学生明白：论据的典型就在于要和论点保持一致，能证明论点。

**【任务四】** 下列素材若作为《谈诚信》作文的论据，你会如何选择？为什么？

道理论据：

①轻诺必寡信，多易必多难。——《老子》

②人而不信，不知其可也。——《论语》

③臣心一片磁针石，不指南方不肯休。——文天祥

④天才是百分之一的灵感，加上百分之九十九的汗水。——爱迪生

⑤至诚则金石开。——康有为

⑥人类最不道德处，是不诚实与怯懦。——高尔基

⑦当信用消失的时候，肉体就没有生命。——大仲马

⑧如果要别人诚信，首先自己要诚信。——莎士比亚

⑨我宁愿以诚挚获得一百名敌人的攻击，也不愿以伪善获得十个朋友的赞扬。——裴多菲

⑩生命不可能从谎言中开出灿烂的鲜花。——海涅

事实论据：

①曾子杀猪。（古代正面的例子）

②商鞅立木取信。（古代正面的例子）

③周幽王烽火戏诸侯。（古代反面的例子）

④季布一诺千金。（古代正面的例子）

⑤ 咸宁实验小学副校长洪耀明许诺：只要学生在校门口不乱扔垃圾，他就亲吻一头猪。一个月来，卫生状况大为改观。结果，在4000名学生注视下，他真的结结实实地吻了一头四五十斤的小猪！

（现代正面的例子）

⑥华盛顿是美国第一位总统。他是孩子的时候，砍掉他父亲的两棵樱桃

树。他父亲回来了，非常生气。他暗自思量："如果我查明谁砍了我的树，我要狠狠揍他一顿。"他父亲到处询问。当他问儿子时，华盛顿开始哭了起来。"我砍了你的树！"华盛顿和盘托出。父亲抱起他的儿子说："我好聪明的孩子，我宁愿失去一百棵树，也不愿听你说谎。"

（外国正面例子）

⑦美国总统尼克松因在"水门事件"中撒谎败露而被迫引咎辞职，克林顿也因为不光彩的绯闻案中撒谎而险遭弹劾。

（外国反面例子）

显然，道理论据中的③④与"谈诚信"的观点不一致，文天祥的"臣心一片磁针石，不指南方不肯休"这句诗表现了作者永远忠于国家的拳拳爱国之心。爱迪生的"天才是百分之一的灵感加百分之九十九的汗水"主要讲的是勤奋。事实论据有古今中外、正反面，如何选择？考查的是学生的思维能力。

学生可从以上活动中得出结论：论据的选择，除了要真实外，一定要确保材料与观点一致；要注意选择典型、有代表性的论据，使观点更有说服力；在使用论据时，从古到今，从中到外，时空要远阔，角度要多元，互为补充。

三、简明扼要表述事实论据

道理论据需要真实可靠，而事实论据在表述上需要注意什么呢？议论文中的叙述显然与记叙文中的叙述不一样：前者要概括、精当，后者要具体、翔实。可是，不少学生不明白这个道理，将记叙文中的写人叙事全盘吸收，把论据叙述得情趣横生、文采飞扬。殊不知这种做法已违背了议论文的写作规律。由此，教师可设置以下学习任务。

【任务五】　请同学们观察这段事实论据，与我们平常叙事有何不同。

唐朝有一位名僧百丈禅师，他常常用两句格言教训弟子，说道："一日不做事，一日不吃饭。"他每日除上堂说法之外，还要自己扫地、擦桌子、洗衣服，直到八十岁，日日如此。有一回，他的门生想替他服务，把他本日应做的工悄悄地都做了，这位言行相顾的老禅师，老实不客气，那一天便绝对的不肯吃饭。

——《敬业与乐业》

这段文字可以看出，议论文中的事件与观点紧密相关，且叙述非常精简，没有抒情性、描述性的话，只概述事件本身即可。作为事实论据，引述事例一般就几句话，内容要围绕论点，交代人物的状况、行动和行动的结果（谁＋做了什么＋结果怎么样）。做到事例典型，语言简明。

**【任务六】** 假如要把这则材料作为"谈诚信"的事实论据，应该怎么概要叙述呢？

### 2019年感动中国人物朱丽华：光明溢天地

43年前，浙江嘉兴人朱丽华因伤失明，受张海迪事迹所感动，她用奋斗来追逐光明，靠着自己的双手推出了璀璨人生。她刻苦钻研中医推拿技术，成为嘉兴市首位也是目前唯一的盲人中医师，工作30余年，为22万多人次患者缓解病痛。1991年嘉兴福利院为她安排了一处诊所让她经营，她承诺：招收徒弟一律免收学费，免费安排吃住，先后为100多名残疾人提供工作职位。同时，她坚持做慈善，从1991年到2019年，朱丽华捐助的资金已达373万元，帮助了480名孩子圆了上学梦。她说：只有奉献才是我人生中最快乐的时光。

针对这个材料，有学生概括事例的时候，突出材料中朱丽华坚持做慈善的事迹，也有学生突出她的刻苦钻研，这样的论据都无法支撑"谈诚信"的观点。

范例：浙江嘉兴人朱丽华因伤失明，她刻苦钻研中医推拿技术，成为嘉兴市首位也是目前唯一的盲人中医师。（人物的状况）1991年嘉兴福利院为她安排了一处诊所让她经营，为了回馈社会，她承诺：免费招生残疾人学徒，免费安排吃住。（行动）朱丽华在以后的日子里，始终牢记自己的承诺，先后为100多名残疾人提供工作职位，工作30余年，为22万多人次患者缓解病痛。（行动的结果）

教师给出的范例起到纠偏的作用，让学生明白如何恰当叙述议论文中的事例，概括为口诀就是："记叙要素要准确，围绕论题巧剪裁，描写抒情均不见，言简意赅中心显。"也就是，文章中论据的叙述，总体原则是简明扼要。具体做法是在叙述中删减与论证无关的细节内容，用最简洁的语言概括。还要突出重点，突出与中心有关的部分内容。还有的事例人们非常熟悉，或者只需要列举现象，我们甚至可以用一句话来概括。

最后，师生共同完成"言之有据"自查清单，总结如何恰当选择论据及叙述事实论据。论据的任务是支撑观点，论据与观点一致，才能证明观点，论据典型有代表性，才能使观点更有说服力。为此，我们要对材料进行筛选、分析、辨别，选择其中有代表性的典型事件作为事实论据，选择能够深刻揭示道理的名言警句作为道理论据。此外还需要积累素材，关注生活、关心时事、多阅读、确保素材准确、勤摘录，特别是活用教材中出现过的素材等。

表 6-2 "言之有据"自查清单

| 序号 | 评价内容 | 自评 | 互评 |
| --- | --- | --- | --- |
| 1 | 引用名言警句要准确（核对原文） | | |
| 2 | 确认事实论据是否真实可靠 | | |
| 3 | 叙述事实论据要简明扼要 | | |
| 4 | 保证论据和观点一致，所选论据要能支撑观点 | | |
| 5 | 综合运用事实论据和道理论据，增强说服力 | | |
| 6 | 注意论据的丰富性，论据之间有一定的逻辑关系 | | |

## 第四节　论证要合理

议论文除了要有理有据，在内容上还要做到论证层次清晰，论证结构合理，逻辑严密。"凡制于文，先布其位，犹夫行阵之首次，阶梯之有依也。"梁启超倡导的作文法一贯主张把布局谋篇放在训练的首位，而把字句末节放在次要地位，就好像古代打仗摆阵位置的主次，阶梯的一层层高上去一样。议论文的结构布局是指通过某种合理的论证方式把论点、论据有机地组合起来。那么，如何安排好议论文的论证思路，做到论证合理呢？

## 一、厘清议论文全文的论证思路

议论文的论证结构主要包括文章整体的论证结构和段落内部的论证结构两个方面。议论性文章的论述结构与文章结构并不相同。

文章结构，是指文章谋篇布局的构造，包括段落与段落、层次与层次之间的关系。常见的文章结构就是：总——分——总。议论文论述的结构，就是文章论证思路的展开，一般分为引论、本论和结论三部分，或称之为"提出问题、分析问题、解决问题"。

《敬业与乐业》的论证思路清晰，学生容易理解和把握。前面的教学中，学生已经反复推敲理解了文章的论点和论据，教师还可以引导学生通过对文章层次结构的梳理，深入理解作者是如何一步步推进论证过程的。由此，教师可以设置以下任务。

【任务一】梳理《敬业与乐业》的论证思路，完成以下思维导图。

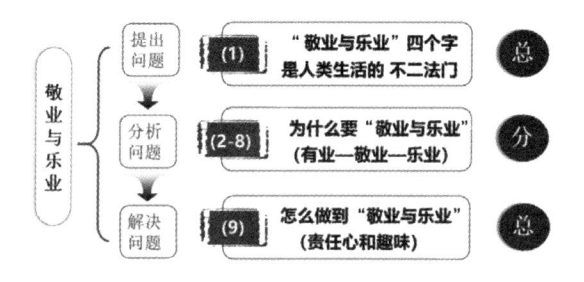

思维导图可以作为学生梳理文章层次的辅助工具，将思维可视化，直观呈现文章的论述思路：文章一开始，作者就引用国人熟悉的儒家经典《礼记》和道家经典《老子》中的名言警句，开宗明义地提出了"'敬业乐业'四个字，是人类生活的不二法门"的中心论点。接着，从三个方面分别谈论"有业""敬业""乐业"的重要性。最后，用"责任心"和"趣味"总结全文旨意。从提出问题，到分析问题，再到解决问题，主旨鲜明，层次清晰，逻辑严密，很好地体现了议论性文章"说理"的特点。另外，将论证结构和"总分总"

的文章结构一对照,二者的区别也显而易见。

【任务二】梳理《怀疑与学问》的论证结构,完成下面图表。(课后练习二)

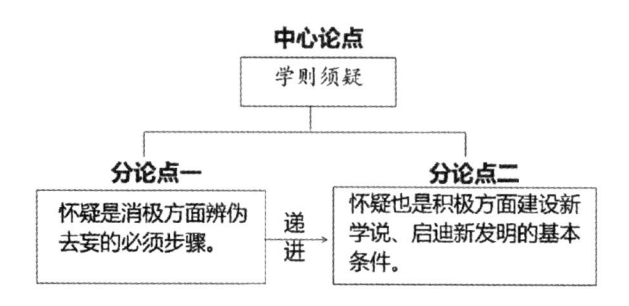

**中心论点**
学则须疑

**分论点一**：怀疑是消极方面辨伪去妄的必须步骤。
↔ 递进 ↔
**分论点二**：怀疑也是积极方面建设新学说、启迪新发明的基本条件。

顾颉刚的《怀疑与学问》一文,先用程颐与张载的话引出论点"做学问要有怀疑精神";再从消极和积极两方面分别论述"怀疑是辨伪去妄必需步骤"和"怀疑是建设新学说、启迪新发明的基本条件"。主体部分分两个板块,每个板块的论述结构也很清晰。所以,文章的中心论点是:治学必须有怀疑精神。两个分论点:①怀疑是消极方面辨伪去妄的必需步骤。②怀疑、也是积极方面建设新学说、启迪新发明的基本条件。两个分论点之间是递进关系。

【任务三】自主学习《论修养》《精神的三间小屋》,梳理文章的论证思路,并用思维导图呈现。

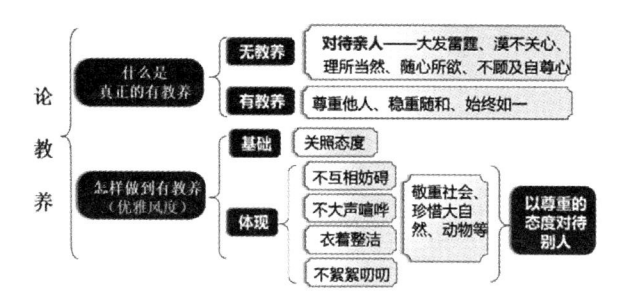

论教养
├─ 什么是真正的有教养
│  ├─ 无教养：对待亲人——大发雷霆、漠不关心、理所当然、随心所欲、不顾及自尊心
│  └─ 有教养：尊重他人、稳重随和、始终如一
└─ 怎样做到有教养（优雅风度）
   ├─ 基础：关照态度
   └─ 体现：
      ├─ 不互相妨碍
      ├─ 不大声喧哗     → 敬重社会、珍惜大自然、动物等 → 以尊重的态度对待别人
      ├─ 衣着整洁
      └─ 不絮絮叨叨

《论修养》《精神的三间小屋》都属于自读课文,虽然理解论证思路上有一定难度,但学生已经完成了任务一、任务二,掌握了一定的梳理论证思路和绘制思维导图的方法,任务三促使学生自主学习,学会迁移运用课内所

学来分析归纳自读课文的论证思路。

一篇优秀议论文最大的特色在于以丰富的论据、充沛的情感和严密的逻辑形成强大的论证力量,分析问题部分的主体段是形成这种论证力量的重要部件。主体段往往由相似的段落构成。通常以下两种思维模式构成。

一是纵向思维:

各段落、各层次之间层层深入、步步递进,次序不能颠倒,能够由浅入深、由表及里、逐层深入地论述观点。如《敬业与乐业》《怀疑与学问》等。

二是横向思维:

并列式结构:往往是一个中心论点分解成几个分论点,每个分论点之间相互并列,一般无因果、轻重、主次之分。

正反对照式的结构:既可以体现在段内句与句之间,也可以体现在段与段之间。简单地说,就是"正面说了反面说"或"反面说了正面说",它对于议论的深入,论点的突出,说服力的增强,都极有裨益。如《论教养》等。

以上三个任务由易到难,在学生梳理了不同类型议论文论证思路的基础上,教师做如图 6-2 所示的归纳。

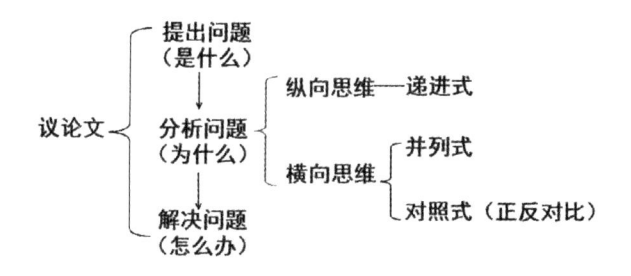

图 6-2 不同类型议论文论证思路思维导图

## 二、设置分论点,合理安排文章论证结构

为了培养学生快速打开思路、谋篇布局、设计结构的能力,就要培养学生发散性思维的演绎能力。引导学生由作文的随意性、不规矩而自觉地走向规范化和条理化,做到胸有成竹,心有常法,言之有序,工整美观。在教学时,更要注重

分论点的练习，让学生掌握设置分论点的常见方法，并能够针对具体命题有选择地运用所学方法。在掌握方法的基础上，让学生充分考虑到分论点之间的层次关系，使所设分论点在层次上井然有序，培养学生思维的清晰性、严密性及逻辑性。

议论性文章的论证结构是围绕中心论点的表达需要来组织和安排的。没有中心论点，结构自然是一盘散沙。有了明确的中心论点之后，还要根据中心论点表达的需要，综合多种因素，合理地安排文章的各个层次。如果说每一层就是一个分论点，那么分论点的排列顺序是有讲究的，必须符合逻辑规律，如由表及里、由浅入深、由因推果等。

设置分论点需要注意以下四点。

第一，分而有理：围绕中心论点，应该从不同的角度去思考，分论点之间应该不重复，不包含，不交叉；重心要准确，紧扣关键词。

第二，分而有序：统筹所罗列出的分论点，分析分论点之间的关系，安排好它们之间的顺序。

第三，分而有度：分论点在数量上应该达到最合理的个数2~4个。

第四，分而有范：每个分论点要表达得精炼规范，具体来说，每个分论点字数最好控制在20个字以内。每个分论点的字数应该大致相同，结构大致相似。这样的句子既醒目，还能体现构思的整体性、严密性和精巧性。

分论点之间的关系主要有：并列式结构、递进式结构。递进式就是层进法，分论点之间呈现递进关系，对事理纵深剖析，显示思维的深刻性。并列式结构就是从不同的侧面横向展开来分解中心论点。通常从"是什么""为什么""怎么办"三个角度来设置分论点。"是什么"主要是从内涵入手。"为什么"主要是讲述其意义，"怎么办"是从解决问题的途径来进行分解。这个方法对九年段学生来说容易理解、易于掌握。教师可设置以下任务。

【任务四】 请从"是什么""为什么""怎么办"三个角度中选取一个，给"奔赴"这个中心论点设置分论点。

【任务五】 比较下列班级同学以"奔赴"为中心论点设置的分论点，评价优劣。

①奔赴是一种热爱；奔赴是一种执着；奔赴是一种拼搏。

②奔赴的意义在于使自己活下；奔赴的意义在于证明自己；奔赴的意义在于实现目标。

③奔赴梦想要慎重选择；奔赴梦想要坚定信念；奔赴梦想要做好计划

④奔赴需要目标；奔赴需要合适的时机；奔赴需要持之以恒的心态。

⑤坚持是奔赴的支柱；学习是奔赴的基础；勤奋是奔赴的关键。

⑥在生活中，我们要努力奔赴；在困境中，我们要努力奔赴；在学习中，我们要努力奔赴。

学生依据教师提示的四个注意点，对以上分论点进行分析评价。总体而言，它们都符合"分而有度""分而有范"的要求，但也存在一定问题，比如，②的分论点语言不够规范，特别是"使自己活下"这句；③的分论点之间顺序不合理，应该是"做好计划"在前，然后是"慎重选择"和"合适的时机"；⑤⑥的分论点设置都有一定的交叉，不符合"分而有理"的要求。

学生在比较评价当中，加深了对分论点的设置要求的认识。

## 三、理清议论文中分论点的论述思路

著名语文教育家张志公曾说："在语言表达中，段落是至关重要的。几乎可以断言，能够写好一段，一定能写好一篇。不重视段落的训练，这是不少学生写不好文章的重要原因。"

写好段落对一篇议论文起到至关重要的作用，这里的段落其实并不是局限一个段落，可以理解为议论文写作中一个分论点的阐述过程，我们以《敬业与乐业》中"要敬业"这一分论点的论述为例，学习如何写好一个段落。

【任务六】梳理概括《敬业与乐业》中分论点"要敬业"的论述思路。

提示：

步骤一：找出段落的关键语句。

步骤二：概括文段内容，分析论证思路。

①《敬业与乐业》第6段中的关键语句：

"第一要敬业。"

"朱子解得最好……他说：'主一无适便是敬。'"

"业有什么可敬呢？为什么该敬呢？……凡可以名为一件事的，其性质都是可敬。当大总统……拉黄包车……所以凡职业没有不是可敬的……做一种劳作做到圆满，便是天地间第一等人。"

②《敬业与乐业》第7段中的关键语句：

"怎样才能把一种劳作做到圆满呢？唯一的秘诀就是忠实……"

"《庄子》……凡做一件事，便把这件事看作我的生命……"

"当木匠……当政治家……大家同是替社会做事……所以我做这事的时候，丝毫不肯分心到事外。"

"曾文正说……比较英法两国国民性质……所以敬业主义，于人生最为必要，又于人生最为有利。"

"庄子……孔子……"

第6段，作者先用朱熹的"主一无适便是敬"，解释"敬业"的含义就是专心致志、心无旁骛。接着，提出"业有什么可敬呢？为什么该敬呢？"的疑问，并从"人"和"事"两方面予以回答。从"人"的方面来看，人类生存的需要（"为生活而工作"）与个体生活的意义（"为劳动而生活"），决定了人要做事。从"事"的方面看，作者认为"凡职业没有不是神圣的，所以凡职业没有不是可敬的"。因为当大总统与拉黄包车，在职业的神圣性质上，并没有什么高下之别。因此，"我们对于各种职业，没有什么分别拣择"。至于该做哪一种劳作，全看"才能何如，境地何如"。只要"做一种劳作做到圆满，便是天地间第一等人"。

第7段，作者接着设问："怎样才能把一种劳作做到圆满呢？"并回答"唯一的秘诀就是忠实"，"是敬"。引用庄子、孔子、曾文正的名言，举了木匠与政治家、挑粪工与军人的比较事例来证明。

根据提示的两个步骤，可以概括出"要敬业"分论点的论证思路：

①提出分论点：要敬业。

②阐释什么是"敬"：引朱子语证明。

③为什么该"敬"：凡事可敬，职业神圣；举地位殊异的人的例子证明。

④怎样做到敬业：忠实；引庄子、孔子、曾文正语，举地位殊异人的例子证明。

**【任务七】**自主阅读，梳理分析《怀疑与学问》第6段的论证思路

学生根据任务六学到两个步骤，可以自主梳理出《怀疑与学问》第6段论证思路：

首先，作者提出分论点"怀疑是积极方面建设新学说启迪新发明的基本条件"；

接着，通过正反对比阐明如何让一切学问发展起来的方法；

然后，作者举大学问家戴震对朱子的《大学章句》怀疑的事例，以及法国哲学家笛卡儿"我怀疑，所以我存在"的名言来论证本段观点；

最后，作者总结：从做学问到科学、哲学、美术等学术领域，人类文化进步都要求我们有怀疑精神。

由此，学生总结出段落的内部层次结构，也就是议论文段落的一般论证思路：引观点——摆事实——简分析。一个标准的议论主体段，包含以下句子：观点句、材料句、分析句，有时有结论句。

## 四、学会分析论证，建立论点与论据的关联

只举例不分析，有人戏称为"不讲理"。那么如何才能以理服人呢？需要建立论点与论据之间的关联，如何建立？学会分析说理。分析才是硬道理！分析论据的时候，一方面要注意使用的材料要能支持论点，避免出现论据不相干或论据不足的情况；另一方面要运用论据来证明论点的，要和论点之间有必然、合理、充分的联系。还要通过必要的分析、阐释，使读者明白二者之间的联系。学生习作中常见的错误就是缺乏对论据的分析，因此可以设置以下任务。

**【任务八】**请思考：下面选段的论证结构是否合理？说出你的理由。

贫穷也是一种财富。司马光出身贫寒；范仲淹两岁丧父，随母改嫁，幼时连稠一点的粥都难以吃到；明代大学士宋濂家里一贫如洗。荷兰画家凡·高

也曾两袖清风，一文不名，生活上常靠着弟弟接济；苏联伟大作家高尔基曾经是个流浪儿；居里夫人刚满十岁就去打工……可见贫困也是一笔财富。

该选段存在问题：堆砌材料，叙而不议，以叙代议。

举例论证中不对事例加以分析，只是将事例摆放在文章中，就没有架起事例与论点之间的桥梁，也就起不到论证的作用。"分析"就是事例与论点之间的"黏合剂"。这个分析，可以例前析，更多的是例后析。这里不能不说关联词在分析事例中的作用。巧用关联词语，可以使材料变成论据，提升论证品质。

分析论据的方法很多，教师依然要回归教材，利用教材资源传授给学生常用的分析论据的方法，也是给学生搭建概念性知识的支架。

以《敬业与乐业》第6段为例：

第一要敬业。……唯有朱子解得最好，他说："主一无适便是敬。"用现在的话讲，凡做一件事，便忠于一件事，将全副精力集中到这事上头，一点不旁骛，便是敬。业有什么可敬呢？为什么该敬呢？人类一面为生活而劳动，一面也是为劳动而生活。人类既不是上帝特地制来充当消化面包的机器，自然该各人因自己的地位和才力，认定一件事去做。凡可以名为一件事的，其性质都是可敬。……

方法一：因果分析法。

这段中，作者提出分论点"要敬业"后，先用朱熹的"主一无适便是敬"（道理论据），解释敬业的含义就是专心致志、心无旁骛。接着，提出"业有什么可敬呢？为什么该敬呢？"的疑问，并从"人"和"事"两方面予以回答。

这段文字运用了因果分析法，从因果关系上把论点与论据联系起来。具体说，就是沿着"为什么"这条思路，探求事例的根源，发现其本质，使内容逐步深化。运用"因果分析法"的关键是：找准因果关系，将原因与观点对应起来。常用的关键词有："因为……所以……""之所以……是因为……"，或者单用"因为""所以""因此""为什么"等。探因索果，披文入理。

方法二：正反分析法。

《敬业与乐业》第7段将文章的论述点从第6段对"业"可敬原因的讨论，转换到怎样做才是"敬业"上，既从正面说"凡做一件事，便把这件事看作我的生命，无论别的什么好处，到底不肯牺牲我现做的事来和他交换"，又从反面说"一个人对于自己的职业不敬，从学理方面说，便是亵渎职业之神圣；从事实方面说，一定把事情做糟了，结果自己害自己"，这属于正反对比论证。

正反分析法，就是列举正反两种事例形成对照，然后加以分析，论证观点。论述思路通常是：列举正反两方面的例子——进行对比——论证观点。

方法三：假设分析法。

以《怀疑与学问》最后一段为例：

……古今科学上新的发明，哲学上新的理论，美术上新的作风，都是这样起来的。若使后之学者都墨守前人的旧说，那就没有新问题，没有新发明，一切学术停滞，人类的文化也就不会进步了。

这里从反面来假设分析，也是总结强调文章观点：从做学问到科学、哲学、美术等学术领域，人类文化进步都要求我们有怀疑精神。

"假设分析法"的思路一般是：反面假设—展示结果—点题强调。常运用标志词："假如""试想""如果""倘若"等。特别注意：对语段进行假设分析时，如果举得例子是正面的，那么就应从反面来假设分析；如果举的例子是反面的，那么就应从正面来假设分析。

除了以上三种常用的分析论据的方法，还有意义分析法、同类归纳法等。它们都遵循一个基本原则：紧扣论点对所有事例进行理性分析。

【任务九】请运用论据分析的方法，给下面文段补充相应的内容。

原稿1：

　　磨难，能历练人生。贝多芬双耳失聪，却能在这样的磨难下创造出不朽的交响曲，撼人心灵；司马迁遭受腐刑，却能在这样的耻辱中写成《史记》，汗青溢光；一代体操王子李宁泪洒汉城后黯然退出体坛，却又另辟天地，让"李宁牌"系列运动用品风靡中国的体育用品市场。磨难，能带领人冲破黑暗，绽放光彩。

（论点：磨难能历练人生）

升格版1：

　　有时候，磨难恰恰能够历练人生，绽放光彩。贝多芬双耳失聪，却能在这样的磨难下创造出不朽的交响曲，撼人心灵，<u>那是因为他不屈服命运的压</u>

打，顽强抗拒厄运，才谱出了人类的心灵之歌；司马迁遭受腐刑，却能在这样的耻辱中写成《史记》，汗青溢光，那是因为他有坚定如山的信念，刚毅如铁的意志，于诽谤讥嘲中坚持自己的志向，才突围成为"史圣"；一代体操王子李宁泪洒汉城黯然退出体坛后，却又另辟天地开创了自己的事业，让李宁牌系列运动用品风靡中国的体育用品市场，那是因为他懂得承受失败，不为失败所吓倒，才能在失败中开拓出一条新路。磨难，是祸，又是福。它对于意志坚强者，只不过是人生路上的一帘风雨，只要勇敢地走过去，前方是另一片蓝天。

原稿1采用了总分总的结构，语段一开始先亮出观点，接着列举贝多芬、司马迁和李宁三个例子来证明论点。问题在于例子和论点之间缺少分析语言。升格语段添加"因果分析"的文字，架起事例与结论之间的桥梁，达到"叙"为"议"服务的目的，加强了论据与论点之间的联系，有力地论证了论点。

原稿2：
　　十几年前，互联网在中国还没有造成重大影响。一个外国记者采访某外资企业老板时问，"您认为互联网在中国有市场吗？"那位老板几乎不假思索地说："不，那不可能，中国技术太落后，经济也不行。"但这句话却启发了当时正从事翻译工作的马云。他仔细分析，中国有十几亿的人口，且随着改革开放，经济也逐渐发展，如果利用互联网发展贸易，不是有很大的市场吗？于是他敏锐地从别人说"不"的事业中看到了商机。马云也成为著名网站"阿里巴巴"的总裁，他的智慧也为人称道。

　　　　　　　　　　（论点：不轻易说"不"，这是一种智慧）
升格版2：
　　　……
　　如果当时马云只看到困难，就轻易说不，那么现在还哪有功成名就而言？由此可见，有些看似不可能的事，请不要轻易对它们说"不"。有时候经过仔细分析，认真思考，所谓的不可能也是有可能的。

升格版2在引述论据后，运用假设推理对事例进行分析，并推导出与事例完全相反的结果,从而证明论点。

原稿3:
  诚信,是忠于自己的承诺。浙江嘉兴人朱丽华因伤失明,她刻苦钻研中医推拿技术,成为嘉兴市首位也是目前唯一的盲人中医师。1991年嘉兴福利院为她安排了一处诊所让她经营,为了回馈社会,她承诺:免费招生残疾人学徒,免费安排吃住。朱丽华在以后的日子里,始终牢记自己的承诺,先后为100多名残疾人提供工作职位,工作30余年,为22万多人次患者缓解病痛。

升格版3:
  诚信,是忠于自己的承诺。浙江嘉兴人朱丽华因伤失明,她刻苦钻研中医推拿技术,成为嘉兴市首位也是目前唯一的盲人中医师。1991年嘉兴福利院为她安排了一处诊所让她经营,为了回馈社会,她承诺:免费招生残疾人学徒,免费安排吃住。朱丽华在以后的日子里,始终牢记自己的承诺,先后为100多名残疾人提供工作职位,工作30余年,为22万多人次患者缓解病痛。<u>不幸关上了她的门,但她却帮别人打开了窗。看见过这世界的阴影,但还是面向光明。在黑暗中,靠自己的一双手,重启自己的人生。更难能可贵的是,她还想到了千千万万和自己一样正处于黑暗中的人。朱丽华那一声郑重的承诺,让我们看到了诚信的价值与力量,它让更多的人寻找到了光明。</u>

升格版3先对事件进行评价,然后提炼出事实论据中与观点联系最紧密的"密码",即诚信的价值,它让更多的人寻找到了光明。这属于意义分析法。

学生初学写作议论文,常常简单地采用观点加例子的论证方式,方法较为单一。写作中,要根据内容的需要,选择合理的论证方法,常用的论证方法有举例论证、道理论证、比喻论证、对比论证等,能增强说服力,增加表达的丰富性。

有了以上学习任务的铺垫,接下来学生就可以顺利完成教师一开始布置《谈诚信》的写作任务了。

学生习作展台

**谈诚信**

  康有为曾说过:"至诚则金石开。"诚信是中华民族优良传统,千百年来,诚信早已融入我们民族文化的血液，成为文化基因中不可或缺的一环。而身为新时代的青年，我们更应该诚实守信，让诚信之光普照华夏。

诚信是个人安身立命的基础。《论语》曾云"人而不信，不知其可也"，只有诚实守信，才会得到他人的认可。美国总统尼克松因在"水门事件"中撒谎败露而被迫引咎辞职，克林顿也因为不光彩的绯闻案中撒谎而险遭弹劾，可见诚信对个人的重要。不妨试想一下，一个不讲诚信的人，终日只是坑蒙拐骗、弄虚作假，又如何能赢得他人的信任，如何能走得长远？

诚信是社会进步的助推器。古有商鞅，立木取信，使得新法得以推行，秦国因此国力大增，为之后一统六国奠定基础；今有咸宁实验小学副校长洪耀明，向学生许诺：只要学生不在校门口丢垃圾，他就亲吻一只小猪。一个月来卫生情况大有改观，他也履行诺言，在四千名学子的注视下亲吻小猪，证明了自己的言出必行，学校因此越来越干净整洁。当诚信之风从一个人的身上吹出，会在一个个守信者身上向更远的地方走去，终将吹遍大地。

诚信是国家发展的保障。华盛顿是孩子时，砍掉了父亲的两棵樱桃树。父亲到处询问。当他问儿子时，华盛顿和盘托出。父亲抱起他的儿子说："我好聪明的孩子，我宁愿失去一百棵树，也不愿听你说谎。"诚实守信的高尚品质深刻影响了华盛顿之后的生活，最终使他在独立战争中得到拥护，成为第一任美国总统。反观"烽火戏诸侯"的周幽王，为博美人一笑而失信于诸侯，最终孤立无援，西周也为犬戎所灭。高尔基曾说过："人类最不道德处，是不诚实与怯懦。"人无信不立，国无信不宁，只有让诚信之气充盈中华，我们的国家才能得到他国的尊重，才能实现互利共赢。

日出日落是太阳的诚信，履行承诺是人类的诚信。只有人人做到守信，才能塑造和谐社会，打好社会良性发展的基石，让诚信之光普照中华！

【点评】：本文开篇点题，观点鲜明：身为新时代的青年，我们更应该诚实守信，让诚信之光普照华夏。围绕中心论点，设置了三个分论点："诚信是个人安身立命的基础""诚信是社会进步的助推器""诚信是国家发展的保障"，层层递进，有力地支撑了中心论点。小作者灵活使用了教师提供的写作素材，摆事实讲道理，引经据典，且综合使用了正反对比、假设分析、意义分析等多种论据分析的方法，论证有力。文章结构完整，文脉流畅，是

初中生议论文写作中的佳品。】

布鲁纳认为:"没用相互关联的结构基础上所获得的知识非常容易被遗忘,没有相互关联的知识在记忆中的半衰期是非常短的。"

本章所述的任务设置是要帮助学生逐步建构起议论文写作知识的网状结构。以往的议论文阅读教学是一篇一篇地教,写作与阅读分离,学生得到的写作知识、技巧是零散、碎片化的。初三教学时间紧、任务重,教师既要充分利用好教材,又不能随意扩大或压减课程内容,因此,依据大单元理念,将阅读与写作紧密结合,也就是以教材的两篇相对规范的议论文《敬业与乐业》《怀疑与学问》为蓝本,整合课内外多方教学资源,通过搭建概念性知识支架等方式,引导学生在语文实践活动中学会写一篇一般性规范的议论文,做到"观点要明确""议论要言之有据""论证要合理"。

# 第七章

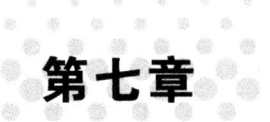

## 写作实践三：大单元视域下初中语文说明文写作序列建构

在当前语文新课程改革的时代背景下，说明文作为"实用性阅读与交流"任务群的有机组成部分，其教学设计与实施也需要进一步探索。将大单元引入初中说明文教学，旨在为核心素养时代下的说明文教学提供新的思路。寻求说明文写作中的有效方法，增强学生们说明文写作的兴趣，提高学生在日常生活中的观察与审美能力，打破学生说明文写作困境和瓶颈，最终提升学生的语文核心素养。

说明文是一种以说明为主要表达方式的文章体裁。它通过对实体事物科学地解说，对客观事物做出说明或对抽象事理的阐释，使人们对事物的形态、构造、性质、种类、成因、功能、关系或对事理的概念、特点、来源、演变、异同等能有科学的认识，从而获得有关的知识。说明文的中心鲜明突出，文章具有科学性，条理性，语言确切生动。它通过揭示概念来说明事物特征、本质及其规律性。

说明文写作，可以说是初中生写作的痛点和难点，没有具体的数据参考，害怕写出干瘪无力的文章，不便抒发内心的情感，与平常熟悉的记叙文写作思维悬殊较大，同时，考试的导向中没有说明文写作，一般各类学生征文竞赛中也很少有说明文的写作，因此，在日常教学和写作中，教师、学生都容易整体忽视说明文写作的教学和训练。

新课标针对第四学段的目标提出："写简单的说明性文章，做到明白清楚。"初中语文统编教材分别在八年级上册第五单元和八年级下册第二单元安排了两个说明文写作的专题，即"说明事物要抓住特征""说明的顺序"。而与这两个专题搭配的阅读课文分别是事物说明文和事理说明文。对于初中阶段的学生只要求写好一篇简单的事物说明文就可。

基于新课标要求和九年级学生的思维特点，笔者整合八年级两个专题的说明文写作内容并提炼主题（如表7-1），创设了以下情境写作任务。

我校自 2022 年与新疆呼图壁县第二中学开展共建工作以来，实现两地不同文化与教育经验的交流与分享。为了进一步增进两校师生之间的友好往来。请同学们以《美丽的校园》为题，写一篇不少于 500 字的说明文，向呼图壁县第二中学的师生介绍我们学校，并热忱地欢迎他们来我校参观！

表 7-1 "说明文写作"相关单元内容任务及提炼

| 教材位置 | 板块 | 单元内容 | 学习目标 | 大任务 |
| --- | --- | --- | --- | --- |
| 八上第五单元 | 阅读板块 | 17. 中国石拱桥<br>18. 苏州园林<br>19. 蝉<br>20. 梦回繁华 | 1. 感受说明文求真求实的理性精神，激发对自然与社会的探索兴趣<br>2. 把握说明文的文体特征，了解常见的说明方法，学会抓住特征来说明事物<br>3. 体会说明文语言的准确、周密，增强思维的条理性与严密性 | 写一篇简单的说明文 |
| 八上第五单元 | 写作板块 | 说明事物要抓住特征 | 1. 结合课文学习，懂得说明事物要抓住特征的道理<br>2. 利用写作实践，学习把握事物特征的方法<br>3. 联系相关要求，合理使用多种说明方法 | 写一篇简单的说明文 |
| 八上第五单元 | 名著导读 | 《昆虫记》 | 1. 读书方法指导<br>2. 专题探究<br>3. 跟法布尔学观察 跟法布尔学探究 跟法布尔学写作 | 写一篇简单的说明文 |
| 八下第二单元 | 阅读板块 | 5. 大自然的语言<br>6. 阿西莫夫短文两篇<br>7. 大雁归来<br>8. 时间的脚印 | 1. 激发科学探究的兴趣，培养敢于质疑问难、自主思考的品格<br>2. 理清文章的说明顺序，筛选主要信息，读懂文章阐述的事理<br>3. 学习分析、推理，初步了解科学探索的方法 | 写一篇简单的说明文 |
| 八下第二单元 | 写作板块 | 说明的顺序 | 1. 结合写作知识短文以及学习过的说明文，了解说明顺序的种类<br>2. 在写作中能够根据说明对象的特征，确定说明内容，安排适合的说明顺序<br>3. 培养科学严谨的表达习惯和负责任的写作态度 | 写一篇简单的说明文 |

续表

| 教材位置 | 板块 | 单元内容 | 学习目标 | 大任务 |
|---|---|---|---|---|
| 八下第二单元 | 综合性学习 | 倡导低碳生活 | 1. 确定宣传主题<br>2. 搜集资料，撰写宣传文稿<br>3. 制作宣传材料，开展宣传 | |

# 第一节　准确抓住事物的特征

## 一、回顾课文，把握说明对象特征

任何事物都有自己的特征。阅读事物说明文，需要把握住事物的特征，才能清楚地认识作者所介绍的事物。要写好一篇事物说明文，也必须抓住所写事物的特征。

【任务一】回顾本单元的课文，思考其说明对象的特征及类别，并填写表格。

| 课　文 | 说明对象的特征 | 类别 |
|---|---|---|
| 《中国石拱桥》 | 历史悠久、结构坚固、形式优美 | 建筑 |
| 《苏州园林》 | 务必使游览者无论站在哪个点上，眼前总是一幅完美的图画 | 建筑 |
| 《蝉》 | 蝉的生活历程丰富多彩又"来之不易" | 动物 |
| 《梦回繁华》 | 《清明上河图》内容庞大，结构严谨，写实性强；绘画技法独特，笔法灵动 | 艺术作品 |

通过表格梳理，学生回顾已学知识，明确了事物特征就是该事物区别于其他事物的独特之处。通过比较发现，说明对象是建筑物的往往关注事物的外部形态、内部构造；说明对象是动物、植物类的更多是写生物学的特征；说明对象若是艺术作品则说明画面的内容和艺术价值、地位等。

## 二、学会观察，抓住事物特征

那么，如何才能捕捉到事物的独特之处呢？这需要耐心细致的观察，因此，教师可设置以下任务。

【任务二】仔细观察圆珠笔和粉笔，说说它们的特征是什么？

圆珠笔：我的身体分为笔帽、笔杆和笔芯三部分。笔帽的上方有一个小挂钩，那是我的手，你可别嘲笑我这小小的"独臂"，我有了它，就能紧紧攀伏在小主人的衣兜上，随主人到处工作。摘下笔帽就是笔杆，它与笔帽一样都是我的衣服。它们不但使我变得更加俊俏，而且还忠诚地保护着我的内部器官——笔芯。笔芯可分为油管和笔尖两部分。油管是根直径约两毫米的小塑料管，里面盛满了油墨。笔尖是一个直径比油管稍小的金属，管的后端紧紧插进油管里。前端镶嵌着一个极小的圆珠，当主人拿我在纸上划动时，油墨随小圆珠的滚动而滚出来，就写出了字。

小粉笔可神奇了，它只是用一小撮白色的石灰做成的，虽然他只有六七厘米长，但它的用途可大了，它能教会我们识字、做题，还能描绘出祖国的大好河山。

小粉笔有很多特点，它不像钢笔一样让小主人帮忙吸水；也不像铅笔穿着华丽的外衣，还得让小主人为它削尖；而小粉笔只要一块黑板就能写字、画画，它带领我们在里知识的海洋遨游。

粉笔和圆珠笔都是生活中很常见的事物，但如果没有细心观察，也很难发现它们的独特之处。以上两段文字的说明都非常详细，特点也很明显。其中将粉笔与钢笔、铅笔做比较，特点更凸显。教师顺势将"抓住事物特征"的方法加以归纳：

第一，抓住事物的特征，要善于观察和比较。如方位、颜色、形状、大小、长短、规模、材质、用途等。可以将该事物与其他事物进行对比观察，对观察到的外部特征进行准确的概括，具体的说明。

第二，实地调查或引用资料。任何事物总有其功用、特殊价值和文化意义等。这些内在特征需要通过试验、调查等才能准确把握。

因为说明文要求特征准确、材料翔实，而我们不可能事事亲身经历，有些特征就需要引用相关的资料（包括数据、图表、历史文献、研究资料等），靠前人总结出来的经验来印证。

**【任务三】** 比较《中国石拱桥》和《苏州园林》：哪些属于实地调查？哪些属于引用资料？有什么作用？

  1. 永定河上的卢沟桥，修建于公元1189到1192年间。桥长265米，由11个半圆形的石拱组成，每个石拱长度不一，自16米到21.6米。桥宽约8米，路面平坦，几乎与河面平行。

  2. 桥的设计完全合乎科学原理，施工技术更是巧妙绝伦。唐朝的张嘉贞说它"制造奇特，人不知其所以为"。

  3. 有几个园林还在适当的位置装上一面大镜子，层次就更多了，几乎可以说把整个园林翻了一番。

  4. 池沼里养着金鱼或各色鲤鱼，夏秋季节荷花或睡莲开放，游览者看"鱼戏莲叶间"，又是入画的一景。

四个语段中，1、2、4属于引用资料，3属于实地调查。

引用资料主要是查找相关文献，而实地调查是研究者深入到研究对象的生活背景中去以观察、访谈与文物文献收集等方式收集资料。同样，学生要想写好介绍学校的文章，需要结合两种方法深入观察、了解学校的相关情况。

**【任务四】** 抓住我们学校的建筑布局的特征，写一段100字左右的片段，看看哪些资料还需要你去调查，哪些可以引用老师提供的资料或自己收集的资料。

此项任务是让学生带着问题去实地观察、查找相关资料等，对我校的建筑布局、内部功能及办学理念、办学特点等做多方面的深入调研。

# 第二节　讲究说明方法

说明文要运用多种说明方法来增强说明效果，这样既能突出事物的特征，使文章更加生动形象、具体直观，也可以避免文章的枯燥乏味。常用的说明方法有下定义、做诠释、举例子、列数字、做比较、分类别、打比方、摹状貌、画图表等。学生在说明文写作中常常无法综合使用多种说明方法，甚至容易文体不清，写成记叙类文章。为此，笔者设置了以下任务。

**【任务五】**请对比以下两组句子，思考各组句子在说明方法的使用上有什么特点？

A组：

片段一：

蜜蜂酿蜜是要付出极其辛勤的劳动。它们要飞行许多次，往返行程长得惊人，所采集的花朵难以计数，全身携带的花粉也非常非常之多。

片段二：

有人统计过，为了酿造1公斤蜂蜜，一只工蜂大约要飞行10000—15000次，距离可达45万公里，采集200多万花，全身携带花粉一次就有50000粒之多。

B组：

片段三：

画面开卷处描绘的是汴京近郊的风光。疏林薄雾，农舍田畴，春寒料峭，赶集的乡人驱赶着往城内送炭的毛驴驮队。在进入大道的岔道上，是众多仆从簇拥的轿乘队伍，从插满柳枝的轿顶可知是踏青扫墓归来的权贵。近处小路上骑驴而行的则是长途跋涉的行旅。树木新发的枝芽，调节了画面的色彩和疏密，表现出北国早春的气息。

（节选自《梦回繁华》）

片段四：

四年黑暗中的苦工，一个月阳光下的享乐，这就是蝉的生活。我们不应当讨厌它那喧嚣的歌声，因为它掘土四年，现在才能够穿起漂亮的衣服，长起可与飞鸟匹敌的翅膀，沐浴在温暖的阳光中。什么样的钹声能响亮到足以歌颂它那来之不易的刹那欢愉呢？

（节选自《蝉》）

A组的两个句子来自课外，说明对象都是蜜蜂酿蜜，片段一用了大量修饰性的词语，比如"极其辛勤的""许多次""难以计数""非常非常之多"，尽管如此，读者对说明内容的感受是笼统模糊的。片段二运用列数字的说明方法，准确具体地说明蜜蜂酿蜜的成果与付出的劳动的比例差距之大，给读者非常直观的感受。

B组的两个句子均来自课内所学。片段三介绍《清明上河图》"画面开卷处"内容。这里有"疏林薄雾""农舍田畴"，有"毛驴驮队""轿乘队伍"，还有"长途跋涉的行旅"。运用摹状貌的说明方法生动地描绘出汴京近郊的风光。还从绘画的色彩和疏密的角度写"树木新发的枝芽"在画作中所起的作用。层次清晰，画作内容具体可感。片段四用抒情兼议论的文字，表达作者对生命的理解和尊重、对世间万物的关爱，具有打动人心的力量。

以上两组句子的比较，一方面，使学生对说明方法的作用更加清晰；另一方面，也让学生明白说明文的语言并不是枯燥的，综合多种说明方法，可以让说明文准确、生动并富有情感。

八年级学生第一次学习说明文写作，很多学生还没从记叙文写作思维中转换过来，这样在写作上容易造成文体不清的问题，说明文写得不像说明文，因此，教师可以选择同题目不同文体的文章让学生学会辨析说明文与记叙文写法上的差异。

【任务六】我们每天都会接触到不少物品，比如毛巾、炒锅、电视机、手机、自行车等。选取你最熟悉的一种物品作为写作对象，查阅相关资料，以"我的生活少不了它"为题，写一篇说明文。不少于500字。

【任务七】以下是两位学生的习作《我的生活少不了它》中的片段，结合说明文的文体要求进行评价。

片段A

最属美味的必然是那道金花鱼，刚开始是一条鲜活、肥嫩的大黄鱼，经过仔细冲洗，再在身体两面割斜线，反复两次，鱼肉显现出来，饱满、粉嫩。而锅将倒入较多的油，烧制2—3分钟，油温上涨，将鱼放入锅中，响起噼里啪啦的声音，油中遇水，溅起油渍一阵又一阵。炸制两面金黄后，鱼身慢慢地缩在起，形成一朵一朵的金花，看上去金黄酥脆。后放入较多的番茄酱，均匀淋在鱼肉身上，加入少量水与少许的调料，在锅中顿时呈现出不一样的颜色，看起来美味可口。卤制一两分钟后将已经时做好的肉沫磨菇加进锅中，不久便飘来浓浓的香气。

片段 B

整个表盘的边缘由蓝白两色的铁圈围了起来，它的分针中间有一道白，整个成倾落的水滴状，时针倒也没什么特别，中间是一道粉色，至于秒针，似一个淡黄色的绣花针，表盘上只有3、6、9、12这几个数字，是用花纹体的阿拉伯数字写成，其他数字都是用淡粉色的小花来替代的，表盘的背景是一片白，让看了有一种简洁舒服的感觉。这个闹钟中不仅美观坚固，功能更是显著。它可以调节多个时间，定时响铃提醒你到了某个特定时间，不过这个时间一旦响过，就需要重置。它还可以设定一个永久性的时间。

这就是每天把我从美梦中唤醒，让我不会迟到的小助手、好伙伴。我的生活少不了它——亲爱的"大"闹钟！

通过同异综合比较法可知，两位同学写的都是自己生活中不可缺少的事物，一个是爱吃的鱼，另一个是自己生活的必需品——闹钟，两篇文章内容具体生动，但这两篇内容的最大差别就在于：A文运用了较多动词和细节描写，叙述烧制金花鱼的过程，不符合说明文的文体要求；B文是运用了列数字、打比方、摹状貌等说明方法，介绍闹钟的外形、功用，属于说明文。

帮助学生从记叙文写作过渡到说明文写作的方法很多，其中很重要的一点就是，教师要引导学生在说明文写作中学会灵活运用恰当的说明方法。

## 第三节　合理安排说明顺序

写一篇文章不仅要做到言之有物，还要做到言之有序。说明事物总得按照一定的顺序进行，合理的安排顺序是一篇说明文写作成功的关键。

写好说明文，安排好说明的顺序，能够使文章的条理更加清晰，也能够让读者准确把握事物或事理本身的特征。采用怎样的说明顺序，一方面需要根据说明对象的特点以及说明内容的侧重点来决定，另一方面还可以根据读者对说明对象的认识规律来安排。

**【任务八】** 思考分析以下说明文选段的说明顺序，并完成表格内容的梳理。

片段一：

立春过后，大地渐渐从沉睡中苏醒过来。冰雪融化，草木萌发，各种花次第开放。再过两个月，燕子翩然归来。不久，布谷鸟也来了。于是转入炎热的夏季，这是植物孕育果实的时期。到了秋天，果实成熟，植物的叶子渐渐变黄，在秋风中簌簌地落下来。北雁南飞，活跃在田间草际的昆虫也都销声匿迹。到处呈现一片衰草连天的景象，准备迎接风雪载途的寒冬。在地球上温带和亚热带区域里，年年如是，周而复始。

——竺可桢《大自然的语言》

这段话按一年四季的时间顺序生动形象地展示了地球上温带和亚热带区域的四季物候现象。

片段二：

苏州园林里都有假山和池沼。假山的堆叠，可以说是一项艺术而不仅是技术。或者是重峦叠嶂，或者是几座小山配合着竹子花木，全在乎设计者和匠师们生平多阅历，胸中有丘壑，才能使游览者攀登的时候忘却苏州城市，只觉得身在山间。至于池沼，大多引用活水。有些园林池沼宽敞，就把池沼作为全园的中心，其他景物配合着布置。水面假如成河道模样，往往安排桥梁。假如安排两座以上的桥梁，那就一座一个样，决不雷同。池沼或河道的边沿很少砌齐整的石岸，总是高低屈曲任其自然。还在那儿布置几块玲珑的石头，或者种些花草：这也是为了取得从各个角度看都成一幅画的效果。池沼里养着金鱼或各色鲤鱼，夏秋季节荷花或睡莲开放，游览者看"鱼戏莲叶间"，又是入画的一景。

——叶圣陶《苏州园林》

这段话先总说说明内容，然后分别介绍假山和池沼。介绍池沼时，先介绍水的特点，然后介绍位置（中心），再介绍桥梁、石岸、点缀的石头和花草等其他的配合景物，最后介绍池沼里的景致，是按空间顺序介绍的。

片段三：

我国的石拱桥有悠久的历史。

赵州桥横跨在洨河上，是世界著名的古代石拱桥，也是造成后一直使用到现在的最古的石桥。这座桥修建于公元605年左右，到现在已经1300多年了，还保持着原来的雄姿。到解放的时候，桥身有些残损了，在人民政府的领导下，经过彻底整修，这座古桥又恢复了青春。

——茅以升《中国石拱桥》

这段话先总体介绍中国石拱桥有悠久的历史，然后举例说明。简略介绍"旅人桥"后，重点介绍中国石拱桥的杰出代表——赵州桥。这是从一般到个别的顺序，属于逻辑顺序的一种。另外，从"旅人桥"到赵州桥是按时间顺序说明的。

为了帮助学生建构与说明顺序有关的知识框架，梳理以下表格内容可以起到一定的辅助作用。

| 说明顺序 | 项目 | 内容 |
| --- | --- | --- |
| 时间顺序 | 概念 | 是指按照事物发展过程的先后来介绍某一事物的说明顺序。 |
| | 特征 | 表时间的推移。（早晚、先后、古今等） |
| 空间顺序 | 概念 | 是按事物空间结构的顺序来说明。 |
| | 特征 | 表空间转换。（里外、上下、左右、南北等） |
| 逻辑顺序 | 概念 | 按照事物或事理的内部联系及人们认识事物的过程来安排的说明顺序。 |
| | 特征 | 表内在关系。（或由个别到一般，或由具体到抽象，或由主要到次要，或由现象到本质，或由原因到结果等） |

当然表格内容还可以让学生自行补充，比如相关的示例，课内外均可，这样方便记忆，也能作为知识卡片，以备查找。

【任务九】结合本单元阅读课文的说明结构思维导图，对说明顺序的写作要点做知识归纳。

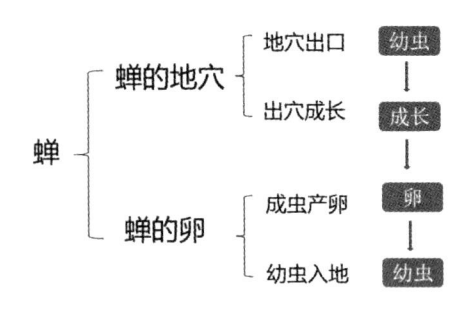

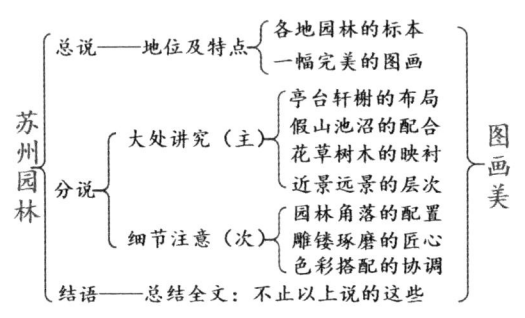

```
              ┌─ 蝉的地穴 ┬─ 地穴出口 ── [幼虫]
              │         │               ↓
              │         └─ 出穴成长 ── [成长]
    蝉 ──────┤                          ↓
              │                        [卵]
              │         ┌─ 成虫产卵     ↓
              └─ 蝉的卵 ┤              [幼虫]
                        └─ 幼虫入地
```

```
         ┌─ 总说 ─── 地位及特点 ┬─ 各地园林的标本
         │                     └─ 一幅完美的图画
         │         ┌─ 大处讲究(主) ┬─ 亭台轩榭的布局                ┐
   苏州  │         │               ├─ 假山池沼的配合                │
   园   ─┤ 分说 ──┤               ├─ 花草树木的映衬                ├ 图画美
   林    │         │               └─ 近景远景的层次                │
         │         │               ┌─ 园林角落的配置                │
         │         └─ 细节注意(次) ┼─ 雕镂琢磨的匠心                │
         │                         └─ 色彩搭配的协调                ┘
         └─ 结语 ─── 总结全文：不止以上说的这些
```

合理的说明顺序是指能充分表现事物或事理本身特征的顺序，也是符合人们认识事物规律的顺序。一篇说明文采用何种说明方法，一般应考虑两点：说明对象和说明对象的特点。具体到写作实践中，采取哪一种顺序，并非一成不变，而是要视具体情况而定。通常情况下，一篇说明文往往以一种顺序为主，兼用其他顺序。如《中国石拱桥》全篇采用了从概括到具体的逻辑顺序，而在举桥梁例子的时候，则采用了从古到今的时间顺序。

结合单元阅读课文的思维导图（如任务九所示），教师进一步引导学生分析归纳说明文说明顺序的写作要点。

知识归纳：

①按读者对说明对象的认识规律安排说明的顺序。说明对象的特点决定了说明顺序的选择。有些事物内部构造比较复杂，通常按空间顺序说明，或由前到后，或由上而下，或由里至外，或由中间到四周，或按东西南北方位顺序。

②把握语言标志，借助一定的词句表明层次和顺序，连接内容，组织材料。要学会在文章全篇的首尾部分，文中的设问句，过渡句使用能体现说明顺序的词。时间顺序，多用表时间变化的词语；空间顺序，多用表方位的词语；逻辑顺序则

用表逻辑层次的关联词。

③分清主次，综合运用。有时一篇文章不仅采用一种说明顺序，而是将几种方式柔和起来，交叉使用几种说明顺序，从而达到说明透彻的效果。

**【任务十】根据写作提示，完成写作任务。**

以《美丽的校园》为题，写一篇不少于500字的说明文，向呼图壁县第二中学的师生介绍我们学校，并热忱地欢迎他们来我校参观！

写作提示：

1. 审题，解决下列问题：

（1）弄清说明对象是"校园"，特点是"美丽"。

（2）梳理出"校园"的特点：建筑布局小巧别致、花木繁盛和师生面貌好，表达出喜爱的感情。（抓住特点）

2. 回顾或实地考察学校的建筑布局特点以及办学特色、校史等情况，掌握写作的第一手资料。（活用资料）

3. 构思文章，布局谋篇：

（1）采用"空间顺序"来介绍说明学校的建筑和布局特点。（明确顺序）

（2）采用"总—分—总"的结构形式。（注重结构）

（3）运用列数字、做比较、打比方、摹状貌、列图表等说明方法。（活用方法）

4. 进行写作，修改加工，完成写作。（推敲语言）

**学生优秀习作**

### 美丽的校园

民中——美丽的校园，是我梦想开始的地方。

来到西大门，你可以看到古朴且富有民族特色的校门，醒目的锡金校牌在阳光照耀下闪着金色的光芒。每当夜幕降临，灯光带亮起就会给人一种时空交错的感觉，仿佛穿越到了正值鼎盛的唐朝，路边汽车的鸣笛声又将人带回到现实。往里走，两栋白色教学楼相对而立，南北两边分别名为"忠勇楼"与"卓越楼"。听老师说，"仁义忠勇"是我们畲族独有的民族精神呢。两栋楼中间镶嵌着两排美观大方的花圃，花圃里不仅有各色花草，还有与教学楼比肩齐高的大树，它们都在生长，都在美化这个校园，都是这个校园的建设者。

往里走，会出现一个十字路口，右手边就是逸夫楼，里面有校史展览馆和畲族展览馆。抬头能看见墙上方有一排电子屏幕，红色大字在屏幕上滚动着。

向左转是综合楼和校图书馆，那是老师办公和同学们自主学习的地方。图书馆出来便可以看见学生们平时活动的操场，冬日的暖光倾注在操场上，那有少年们奔跑的身影……操场周围是红白相间的塑胶跑道，中间是篮球场与排球场。

操场的右侧有条林荫小道，这是通往食堂的路，路两旁栽满了树。每到夏日，它们枝叶繁茂，可以为学生遮风挡雨。

这就是我美丽的民中校园，欢迎您来走走看看！

# 第八章

## 课例呈现：实用类文体写作与思辨性写作

初中语文统编教材活动单元中的"新闻写作""撰写演讲稿""诗歌创作"等都非常适合大单元教学，本章所选的课例是我校语文备课组集体备课的结晶，有实践有收获，也有不足。

"思辨性阅读与表达"是新课标增设的学习内容，如何在写作中提升学生的思维品质，这是时代赋予我们语文教师的使命与责任，需要不断探索、前行。

## 第一节 "新闻写作"教学设计

### 用事实说话，以文笔传情
#### ——新闻单元写作教学

宁德市民族中学初二年段举办了"争当校园新闻 up 主"活动，邀请初二学生们参加。为争得头条，需同学们深入理解并掌握新闻的特点和写法，并按照写新闻的要求，撰写新闻、设计报刊并进行播报，参与活动。

◆学习目标

1.阅读六则新闻，梳理新闻结构、六要素等新闻知识，理解不同新闻体裁的异同。
2.概括不同类型、题材的新闻的语言特色，体会新闻语言严谨准确之中的生动。
3.阅读新闻，借导语抓住最重要的新闻事实，提炼出作者的态度倾向。
4.具体分析、对比六则新闻的异同，整理并归纳消息、特写、通讯、新闻评论在标题、结构、语言、表达方式上的特点，学以致用，为新闻采写奠基。

5.以"校园生活"为主题进行新闻采访、写作、展播,培养勇于奋斗、拼搏向上的精神。

◆核心任务

结合学习活动,根据采访内容写一则主题为"校园生活"的活动新闻稿,并拍摄一组与校园相关的图片,参与新闻比拼和展播,让青春之美溢满校园。

要求:

1.选择校园中你认为最能体现主题的内容作为新闻题材,拍一组与之匹配的照片。

2.根据采访材料、新闻体裁拟定醒目标题,有完整的新闻结构和六要素。

3.用本单元学习的方法,写出真实吸引人的新闻事件,力求语言准确且生动。

4.用消息或新闻特写的形式表达活动主题,消息300字左右,新闻特写不少于600字。

5.收集新闻作品,设计"校园生活报",开展年级"'校园生活'新闻展播"活动,评选十佳新闻奖,并将十佳新闻制成校报专刊。

### 第一课段——新闻面面观
**【核心任务:用知识结构图的形式概括不同新闻类型的基本特点】**

一、学习任务

1.通读梳理六则新闻,理清新闻的一般结构。

2.梳理六则新闻的六要素,总结概括新闻内容的方法。

3.阅读第一单元"活动·探究"的全部内容,结合多种类型的新闻,体会新闻语言严谨、准确的特色。

二、课时安排:4课时

**任务一**:预习五则新闻,回答下列问题。

1.哪一篇最吸引你?为什么?

2.同样是新闻,这5篇有什么异同点,请完成以下新闻结构梳理表。

| 对比维度 | 消息 | 新闻特写 | 通讯 | 新闻评论 |
|---|---|---|---|---|
| 篇名 | 《消息二则》《首届诺贝尔》 | 《飞天凌空》 | 《一着惊海天》 | 《国行公祭》《人民纪念碑》 |

续表

| 对比维度 | 消息 | 新闻特写 | 通讯 | 新闻评论 |
|---|---|---|---|---|
| 时效性 | 强 | | | |
| 篇幅 | 短 | | | |
| 报道对象 | 新闻事件整体 | | | |
| 标题特点 | 简明、醒目、概括性强 | | | |
| 表达方式 | 语言简洁、以记叙、说明为主 | | | |
| 语言相同点 | | | | |

**任务二**：结合教材，理解何为新闻要素，并依示例梳理5篇新闻要素。

新闻要素：构成一篇完整的新闻作品所应具备的最基本的因素，常被称为"五个W和一个H"，即who(何人)、what(何事)、when(何时)、where(何地)、why(何故)和how(如何)。

| 要素 | 《消息二则》 | 《首届诺贝尔》 | 《飞天凌空》 | 《一着惊海天》 | 《国行公祭》 |
|---|---|---|---|---|---|
| 何时 | | | | | |
| 何地 | | | | | |
| 何人 | | | | | |
| 何事 | | | | | |
| 何故 | | | | | |
| 如何 | | | | | |
| 发现 | | | | | |

**任务三**：新闻写作，仿照实时新闻进行写作。

【模块一】消息

**王者归来！张伟丽重夺金腰带**

央视网北京2022年11月13日电　北京时间13日中午，在美国纽约麦迪逊花园广场进行的UFC281冠军赛中，中国选手张伟丽击败现任草量级冠军卡拉·埃斯帕扎。如愿摘得金腰带！

仿照该消息的格式，以"校园生活"为主题，选择一则校园新闻进行消息的新闻写作。

主题选择：

1. 保护环境——校园环境　　　　　2. 手机防沉迷（如何合理利用手机）
3. 校园生活"奋斗——青春的姿态"　4. 光盘行动——食堂环境
5. "双减"政策　　　　　　　　　　6. 11.14校运动会篮球运球绕杆比赛

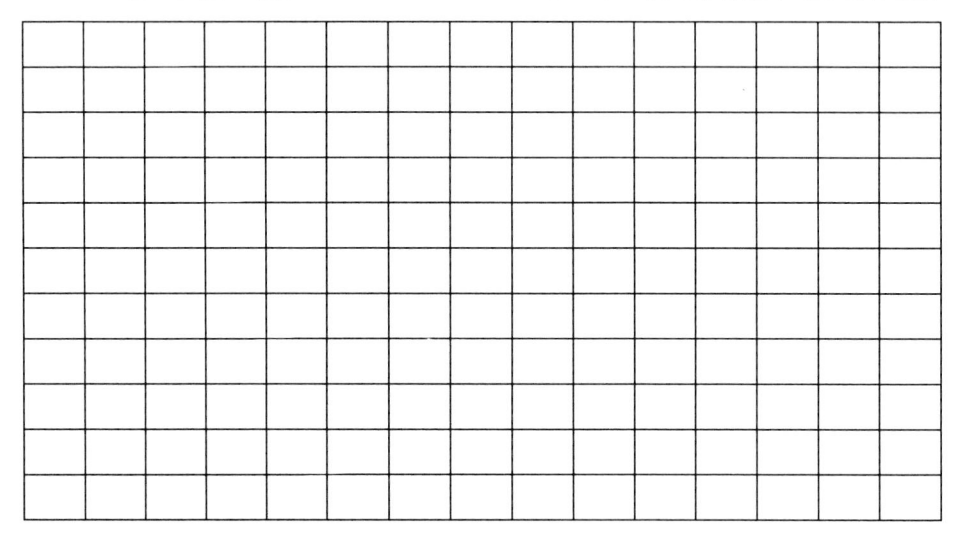

【模块二】新闻特写

### 温伟莲，你是女侠吧！

人民日报北京2022年11月10日电　近日，广东惠州，发生一起严重的交通事故，车内人员被困，伤势严重，危急时刻，家住附近的护士温伟莲，穿着睡衣和拖鞋冲了过来爬进车内，营救伤员。（网友：这就是女侠吧！）

3日，惠州博罗县的一个十字路口，一辆大货车与一辆私家车相撞，私家车损毁严重，三人被困车内，惠州市第三人民医院，急诊医学部的护士温伟莲，刚下夜班，正在家里休息，听到一声巨响后，她穿着睡衣和拖鞋就向外冲去，由于私家车被撞到防护栏旁边，空间狭窄，温伟莲没有办法打开车门，她一边寻求路人帮忙，一边侧身钻进驾驶室，评估伤者的生命体征，大声呼喊着车内人员："大哥，你要保持清醒！你一定要保持清醒！"温伟莲踩在护栏上顾不上左脚掉了的拖鞋奋力用身体撑开车门，侧身钻进驾驶室。为避免伤者受压时间过长，温伟莲想尽办法解开伤者安全带，移开压住身体的撞击物,她回忆:"当时副驾驶已没有生命体征驾驶员处于昏迷状态后排一人伤势不是很严重。"10分钟后,当地交警和救护人员及时赶到现场,5分钟后,救援拖车到达,驾驶室车门被成功打开,大家合力把驾驶员顺利救了出来,温伟莲给伤者打上骨盆固定带、静脉输液,检查生命体征等,直到2名患者都上了救护车,她才离开。目前,两位伤者在医院救治,生命体征平稳。

温伟莲是一名急诊科的护士,已经工作了12年,她说:"医护人员都救死扶伤的,我自己学了这一行,就爱这一行,要尽自己最大的能力去帮助别人。"

温伟莲,为你点赞!

要求:以"11.14校运动会篮球运球绕杆比赛"为主题,写一则新闻特写。

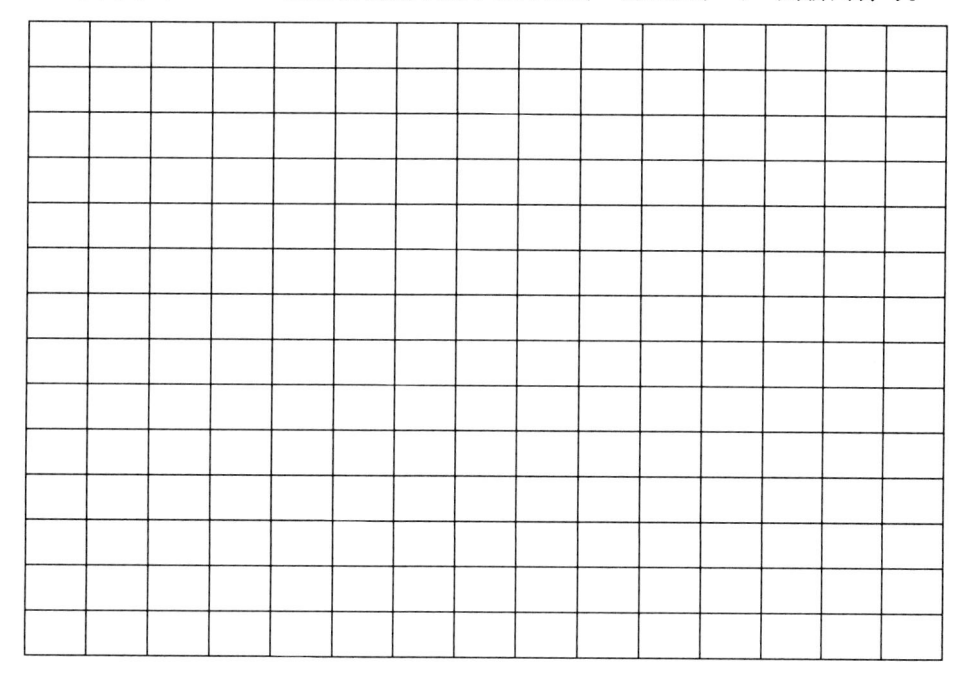

学生优秀习作

## 扭转未来

初二(12)班  反超记

他双目紧盯着队友手上的篮球,额头结起分明的汗珠,手臂青筋暴起,仿佛积蓄着非凡的力量。当队友将球递给他的一瞬,他如同离弦之箭般向前冲去，手上运球的动作干脆利落，行云流水，像在球杆间跳着舞一般，自由地在其间穿梭，幻化出虚影，将初二（11）班的队员狠狠甩到了后面。

——小记者 刘同学

2022年11月15日下午，校运动会篮球绕杆比赛顺利举行。这是小记者们深入前线，为观众们带来前方精彩的报道。

**痛惜！初二（11）班痛失冠军，惨败而归！**

新语社十一月十五日十七时电 十五日，宁德市民族中学于校体育馆举办篮球绕杆比赛，无畏的初二（11）班运动员们痛失冠军。本次比赛前期如狼似虎，中期奋起直追，后期反超对手。但最终止步初赛，无缘冠军。十一班表示不会因失败而气馁，将以松柏之劲，奋发向前，虽败犹荣！

——小记者 雷同学

# 第二节 "撰写演讲稿"教学设计

## 感受思想深度，体会演讲魅力
### ——演讲单元整合教学

**【教学目标】**

1.学习演讲词，理解其观点，感受其风格，获取有益的启示，把握演讲词的主要特点。

2.了解写作演讲稿的常见技法，运用阅读所得，学习撰写演讲稿。

3.通过多种方式学习演讲的技巧，进行演讲实践，举办演讲比赛，在"演讲—聆听—评议"的综合活动中提高在公开场合的表达能力。

**【教学重点】**

1.具体分析、对比四则演讲稿，理解其观点，感受其风格，获取有益的启示，把握演讲词的主要特点。

2.以"传承优良家风，争做时代新人"为主题进行演讲活动，举办演讲比赛，训练表达能力。

**【单元说明】**

本单元是八年级的第二个活动探究单元,以任务为驱动,以活动为主体,将"听说读写讲"融为一体。在本单元学习中需要打破以往课程的单篇教学模式,采用"1+X"的主题教学模式,围绕"演讲"这一主题对教材进行整合学习;整个学习以阅读为基础、以活动为中心——首先通过模仿重现感受学习演讲词,然后以读促写,在整合归纳中用知识和方法指导写作实践,最后创设真实的演讲情境,让学生实现对"演讲"的真实运用。

**【学情分析】**

学生在八年级上册已经进行过一个活动探究单元的学习,对活动单元的学习已经有过一定的基础,在学生自主学习的基础上,以"群文阅读"的形式实施单元整体教学,对单元主题进一步聚焦和拓展。

本次将充分利用网络视频资源,更好地营造学习情境;在小组活动开展时比较考验学生的自觉性和积极性,需要老师做好引导。

## 一、前情回顾导入——它山之石,可以攻玉(5分钟)

**【情境设置】** 各位同学们上午好,为了更好地展现同学们的青春风采、传递正能量,丰富同学们的课余生活,年段将举办以"传承优良家风,争做时代新人"演讲比赛,为同学们提供一个展示自己的舞台。

**【回顾旧知】** 这周我们通过两个任务表格和四个思维导图,整理并归纳了演讲稿的结构、语言和论证的方法。(师:这四篇演讲词或针对突发事件,或针对现实问题,或针对青年的未来,或针对重要的事业,都考虑到场合,考虑到听众的身份、年龄、文化程度心理需求,具有很强的针对性,这是每一篇演讲词都要具备的一个重要特点。)

**【改编文章】** 本月咱们开展了"传承优良家风,争做时代新人"主题的读后感征文比赛,写了一篇议论型读后感,那么议论文和议论型演讲稿最大的区别就在于他们的开头和结尾部分。

今天,我们就一起来用所学知识探究议论型演讲稿的开头结尾该如何写?并试着将这篇读后感改编成议论型演讲稿。

**任务一：开台锣鼓，重视开头（20分钟）【开头】**

师：任何形式的演讲，开头总是关键。在演讲开始后的几十秒内，听众通常就决定是否接受演讲。心理学家研究表明，当一个人对某个事物或问题没有形成固定观点时，常常比较容易接受所遇到的第一个观点，从而形成积极的心理定式。

（一）小组讨论，归纳类型（3分钟）

1.请同学们对比4篇课文开头，自由读一读，说说开头属于以下哪种类型。

演讲稿开头：（1）提问式；（2）引用式；（3）抒情式；（4）直入式；（5）个人经历式；（6）故事式（历史或事件）；（7）悬念式；（8）幽默式。

（二）分析开头，总结写法（5分钟）

学生齐读，分析每种开头的格式和好处。

（三）当堂写作，学生互评（10分钟）

1.当堂写作。（5分钟）

2.学生展示，教师点评。（5分钟）

3.教师总结：就演讲的开头而言，它是演讲者留给听众的第一印象，其好坏直接关系到演讲者能否吸引听众一步步紧跟演讲者的思路、情感，万事开头难。

**任务二：袅袅余音，结尾动人（15分钟）【结尾】**

师：演讲稿的结尾也有其特点，一般说来要说，好的演讲，结束时既激情澎湃，煽动情绪，又言之有物，引人思考，如何能使演讲余音绕梁，鼓舞人心呢？我们可以采用以下几种方式——

（一）小组讨论，归纳类型（3分钟）

1.请同学们对比4篇课文结尾，自由读一读，说说结尾属于以下哪种类型。

演讲稿结尾：（1）引用式；（2）号召式；（3）点题式；（4）祝福式；（5）抒情式。

（二）分析结尾，总结写法（5分钟）

学生齐读，分析每种开头的格式和好处。

### （三）当堂写作，学生互评（10分钟）

1. 当堂写作。（5分钟）
2. 学生展示，教师点评。（5分钟）

师：好的演讲可以赢得热烈的掌声，尤其是好的结尾，更会让观众、听众记忆深刻，回味无穷。

**任务三：修改文章，更上一层（5分钟）**

展示修改文章的开头和结尾，学生念开头结尾。

师：让我们用掌声感谢珊好的示范性演讲，请同学们做好相应的准备，下周四我们将举办班级演讲比赛，你们手中还有相应的演讲评分规则，期待你们的展示。

### 五、归纳总结：演讲稿写作技巧总结

（1）要有针对性，做到"心中有观众"。
（2）写好开头，吸引听众的关注。
（3）明确表达的观点，把思路展现出来。
（4）精心设计结语，提升演讲的效果。
（5）锤炼语言，增强演讲的感染力。

### 六、作业布置

1. 根据课堂所学，完成《传承优良家风，争做时代新人》演讲稿的撰写。
2. 小组推选1人，周三参加《传承优良家风，争做时代新人》的班级演讲比赛。

### 七、课堂小结

德国文学家海涅曾说："言语之力，大到可以从坟墓唤醒死人，可以把生者活埋，把侏儒变成巨无霸，把巨无霸彻底打垮。"希望你们能从这个演讲稿单元中学到相应的知识，并能在生活中实际运用，锻炼自己的表达能力。

# 第三节 《走进一座城》教学设计

**【原题重现】**

阅读下面材料，按要求写作。

走进一座城，有很多种方式。有时，是在一场旅行中，品读一座城的历史，感受它的性格；有时，是在一次次的路过中，日积月累地加深了对一座城的认识，沉淀了对它的感情；有时，则是在一座城扎下根来，与它共同成长，直到它成为家乡……与城相遇、相知、相伴，令人回味悠长。

请你以《走进一座城》为题写一篇不少于600字的文章。

要求：自定文意，不要套作，不得抄袭；除诗歌外，文体不限；不要泄露个人信息。

**慧眼识珠，创意选材**

——以《走进一座城》为例写作选材指导

**【教学目标】**

1. 发现作文选材中存在的问题，认识选材在写作中的重要意义。
2. 学会根据题目选择合适材料，运用逆向辩证等思维丰富选材。
3. 培养学生细心观察，感知生活，善于发现的良好习惯。

**【教学重难点】**

1. 在写作中学会围绕中心进行创意选材。
2. 在作文选材训练指导中提升学生的高阶思维能力。

**【学情分析】**

本课的教学对象是九年级学生。九年级学生已经初步掌握审题立意、选材的基本方法；但是在写作实践中，大部分学生的选材陈旧，甚至脱离中心。本节课以宁德市第一次质检试题作文《走进一座城》为例，分析学生选材问题，进行有针对性的选材思维训练。意在通过教学，引导学生学会根据题目要求恰当选材、创意选材。

**【教学方法】**
合作探究法；讨论法；讲授法。
**【课程安排】**
1课时。
**【教学过程】**
情境导入（2分钟）

林语堂先生说："写作就像烹鱼，如果你的鱼是新鲜的，只需简单的清蒸，就是一道美味，如果鱼有了臭味，就需要放许多的佐料，或红烧或黄焖，以掩盖鱼的本味。"

师：新鲜的食材更容易烹饪出美味佳肴，写作亦是如此，新颖创意的素材更容易成就精彩佳作。这节课，让我们练就一双慧眼，学会创意选材。

**【知识小贴士】**
选材：根据主题需要，有目的选择恰当的材料表现主题。（希沃展示）

**任务一**：寻医问诊明病因（10分钟）

师：根据中考作文评分标准，我们可以明确对内容要求是"符合题意""中心突出"。

这也为构思选材环节提供了一个指向标。（课件出示评分量表。）

回顾质检卷作文试题《走进一座城》。

### （希沃课件展示2023年宁德第一次质检作文试题）

走进一座城，有很多种方式。有时，是在一场旅行中，品读一座城的历史，感受它的性格；有时，是在一次次的路过中，日积月累地加深了对一座城的认识，沉淀了对它的感情；有时，则是在一座城扎下根来，与它共同成长，直到它成为家……与城相遇、相知、相伴，令人回味悠长。

请你以《走进一座城》为题写一篇不少于600字的文章。

要求：自定文意，不要套作，不得抄袭；除诗歌外，文体不限；不要泄露个人信息。

活动1：判断以下3个选材是否可行，并说明理由。

**课件展示：**"同学矛盾""亲情成长""考试失利"

明确：命题作文"走进一座城"，我们要立意的中心是与"城"紧密相连的，同学矛盾是人际交往主题的，亲情成长故事、考试失利都与写作中心无关，因此，以上选材存在不符合题意的问题。

**活动2：学情反馈发现问题**

老师选取40份考场作文，统计以下素材出现的次数，自然风景31次，特色美食20次，传统习俗10次，建筑8次，生活故事5次。

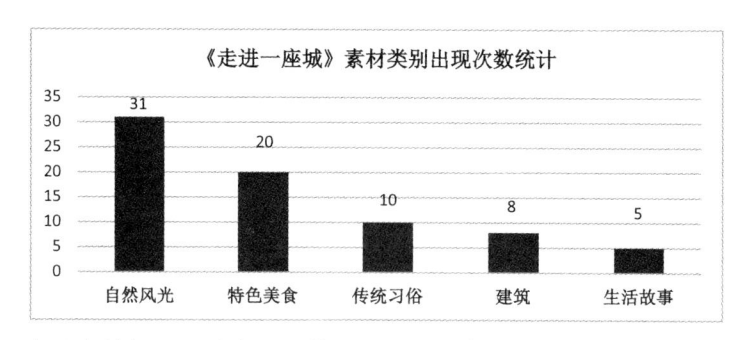

《走进一座城》素材类别出现次数统计

| 类别 | 自然风光 | 特色美食 | 传统习俗 | 建筑 | 生活故事 |
|------|---------|---------|---------|------|---------|
| 次数 | 31 | 20 | 10 | 8 | 5 |

由以上数据可以看出，同学们大部分集中选材在自然风光类和特色美食，这也是同学们看到题目，想到主旨，能马上进入脑海中的材料，在写作运用时，容易出现材料雷同的现象，难以出新，可见选材角度较为单一。

（展示）病因：选材单一

**活动3：聚焦探析**

过渡：让我们再次聚焦同学们的习作，为表现福安秀丽的自然风光，同学们选取了哪些素材呢？

师：阅读以下片段，指出选材的不足之处。

片段1： 福安就是一座矮小、老旧的县城，而最让我喜爱的，便是这里的景色，山清水秀，四面群山环绕，登上天马山可以俯视整座福安城，城之间流淌着的是富春溪，有时还会看见一叶小舟漂浮在绿色的水面上，这里还有坂中森林公园和富春公园……

明确：片段1集中写福安的美景，视角广泛，选材出现天马山、富春溪、森林公园等；视角不够集中，中心不突出。

（课件展示）病因：选材角度大，内容空泛。

（过渡）同学们，慧眼如炬，已经发现了三大选材误区，基于已发现的选材病症，我们要对症下药，从同学们的习作中探索选材小妙招。

**任务二**：佳作取经悟妙招（12分钟）

活动1：默读片段，下列的选材有何独特之处，谈谈你的发现。

片段1：水边，白发老妪和豆蔻少女在浣洗着衣裳，糯糯的苏州话里叙述着一段过往，我想起溪边浣纱的西施，不是因为她生得娇美，却是在这些苏州女孩身上想起了历史：苏州曾是吴国的土地吧？那么，做了吴王妃子的西施姑娘，是否也曾经和这些苏州女孩子一样，就在水边浣衣，笑声也和她们一样甜？越国灭了吴国，作为"越国女间谍"的西施却难以还乡，还是苏州这些淳朴的百姓接纳了她。

明确：在片段1中，作者发挥了联想与想象，通过眼前浣纱的场景联想到西施，展现苏州百姓的淳朴，这启发我们在选材时，选材跨越时空的阻隔，摆脱现实的束缚，把古今中外的事物串联起来，把事件缩小或放大，表达思想，突出中心。

（课件出示）妙招一：善用联想与想象，摆脱时空束缚

活动2：对比阅读，你更喜欢哪个选材，并说明理由。（同桌交流）

片段2：我的家乡是美丽的，绿色的。她被青山环绕、簇拥、呵护。城中间，一条湛蓝的河水自北向南流着。每当饭后，我最喜欢来到河旁边的栈道上散步，一路漫步，时常有运动的人擦肩而过，也能看到幸福的一家人一起散步，到处充满欢声笑语，小城的生活是如此简单安逸！

片段3：蔚蓝的天空中，飘起了一缕缕动人心弦的炊烟，在天空中犹如一条条绸带被风吹后轻轻舞动……坐在车上，窗外的风景不断变幻：高楼、树林、田野，但是都不及炊烟让我印象深刻，正当我失落的时候，我闻到了一股熟悉的味道，我猛地一抬头，是炊烟！我不由地加快脚步去拥抱它！在故乡的炊烟之下藏着我的幸福的记忆，在故乡的炊烟之下，我仿佛看到了一

座城的人民幸福的笑容!

片段2：作者写城市的自然生态，不是从常见的景点入手，也不是写城市四季的风景，而是通过一条小小的栈道去领悟家家乡的生态美，视角新颖独特。

片段3：作者写自然生态，将视角转换到故乡的一缕炊烟，选取作者印象深刻的素材进行写作，炊烟里藏着"我"幸福的记忆，炊烟中看到人民的幸福笑容。写出作者的独特感悟。

（课件出示）妙招二：大胆转换视角，写出独特感悟。

歌德："题材人人看得见，内容意义经过努力可以把握，而选材的角度对大多数人来说是个秘密。"

（过渡启发）月尚且有阴晴圆缺，世间万物都有不完美的时候，"金无足赤，人无完人"。一个鲜活的人身上同时存在优点和缺点，世间万物，都具有两面性，我们应该学会用辩证的眼光来看待，那对于一座城，我们用辩证的眼光看待时，你会有哪些发现呢？

活动2：从逆向辩证的角度，你还能列举出哪些素材？（小组交流）

示例：城市快节奏的生活、街道黑心商店、历史建筑的破损、农贸市场的脏乱差、城市居民的素质低下、街道黑心商店、留守老人与儿童

师：当我们走进一座城，认识这座城，会发现它的魅力所在，也会有看到许多不尽如人意的地方。有的人会爱上这座城，也有人会厌恶这座城，希望这座城能在时代的发展道路上有所进步。

慧眼识珠，创意新颖的素材其中一直孕育在生活当中，借助选材小妙招，让我们小试牛刀，在写作实践中做到创意选材。

**任务三**：慧眼妙思善实践（18分钟）

活动1：

1. 根据试题，列出写作素材，根据评价表完成自评。（5分钟）

2. 小组交流分享，选出小组中最有创意的选材。（5分钟）

3. 创意素材分享，根据评价表完成互评。

**创意选材学习评价表**

被评价者：

| 评价项目 | 评价指标 | 评价 ||
|---|---|---|---|
| | | 自评 | 互评 |
| 选材是否符合题意 2分 | ①选材符合题意。2分<br>②选材基本符合题意。1分<br>③选材偏离题意。0分 | | |
| 选材是否新颖 3分 | ①有独特的感受和深刻体会。3分<br>②较为新颖，有一定的发现。2分<br>③选材雷同，无新意。1分 | | |
| 选材是否具备思辨性 5分 | ①逆向思维。<br>②辩证角度。<br>具备以上两点5分，具备其中1点3分。 | | |
| 综合评语 | 自评：<br><br>互评： | | |

注：评价等级分 A、B、C 三级
各级指标为：A：8-10分 B：5-8分 C：4分以下

## 2022福州质检作文试题

我们每天都在追求进步，前进路上有风雨，前进路上有彩虹。前进路上，我们感受生活的欢笑、学习的艰辛、追求的付出、交友的甘甜……前进路上，我们有坚实的脚步，有丰富的体验，有无尽的期盼，有深刻的思考。

请以"前进路上"为题，写一篇文章。

要求：不套作，不抄袭，不泄露个人信息，文体自定，不少于600字。

示例：我的主题中心/中心观点是

在前进路上，我们学会要奋进拼搏，更要学会适时暂停，这也是一种人生智慧。

素材：（1）学会奋进拼搏：达·芬奇画蛋

适时暂停，是为了重整旗鼓迎接新的挑战；篮球比赛的关键时刻，教练常常通过叫停布置针对性战术，或给队员加油鼓劲，以求胜利。

小结：创意源于生活，善于观察善于发现，总会有让人意想不到的收获。

## 课堂总结（2分钟）

（展示）"这个世界脾气特别古怪，你必须凝视它，它才会把大门打开，让你看到它里头的风景。如果你不凝视它，它的大门就永远是紧闭着的，你什么也看不见。我们来到这个世界上，每个人都有一双眼睛。这双眼睛这一辈子其实只做两个动作：一个叫扫视，一个叫凝视。你的作文为什么写不好？原因很简单，因为你没有凝视这个世界，你只完成了第一个动作，没有完成或者说没有很好地完成第二个动作。"（曹文轩）

"未经凝视的世界是毫无意义的。"世界如此丰富多彩，每时每刻都有故事发生，当我们仔细观察思考，就会发现有很多创意孕育其中，我们要学会拾取创意的珍珠，让我们的写作散发耀眼的光彩。

**作业布置（1分钟）**

这是一个多彩缤纷的世界。史铁生说：如果母爱有颜色，那一定是菊花黄；居里夫人说：如果科研有颜色，那一定是海洋蓝；苏轼说：如果友谊有颜色，那一定是月光白；孟晚舟说：如果信念有颜色，那一定是中国红！在你的眼中，在你的生命中，世界又有哪些色彩？请将"如果_____有颜色"补充完整，构成你的题目，写一篇文章。可写实，可想象，文体不限，诗歌除外。

根据以上题目，选择合适且有创意的素材，列出你的写作提纲。

板书设计

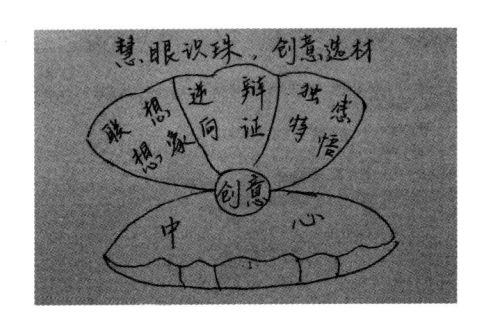

## 《慧眼识珠，创意选材》教学反思

一、思效：教学效果

第一，本节课基于新课标理念，开头"情境导入"部分，引用林语堂先生的话导入，让学生了解选材的重要性，主体部分采用活动任务群的形式，设置三个主要任务"寻医问诊明病因""佳作取经悟妙招""慧眼妙思善实践"贯穿整个课堂；最后作业设置作文试题，要求列出写作提纲，作为课后实践。整节课教学设计条理清晰，教学环节层层深入。作为一堂作文指导课，本节课以宁德一检作文试题为出发点，从引导学生发现问题，在同学习作中找到解决问题的写作方法，最后学以致用，进行课堂实践。实现了作文讲评与指导立足于学生基本学情，有的放矢进行教学。

第二，在教学中，采用了导学反馈、同桌交流、小组交流与分享，学生互评等课堂教学组织形式，这些活动设置为学生学习创造了许多交流空间，在交流的过程中学生能够提升表达沟通能力，还能集思广益，互相启发思考，共同进步，同时，在师生的互动中完成教学目标。

二、思得：教学收获

第一，教学重难点突破。本节课重在教会学生在写作时围绕中心创意选材，选材训练指导中提升学生的高阶思维能力；本节课指导学生做到新颖创意选材，提升阶段的难点在于学会逆向辩证思考，以获得更有创意的素材，在课堂实践环节，学生通过小组分享，有实现创意选材，达成本节课教学重难点设置。

第二，课堂评价多样性。在课堂上引用作文评分标准，根据评分表明确写作标准，给选材的标准以及要求提供指向标，引领课堂教学；另外，在写作实践中，设置创意选材评价表，让学生根据评分表互相评价。

第三，情感、态度、价值观的正确导向融入课堂教学。在教学中，学会把握时机引导学生树立正确的人生观和价值观，如在《走进一座城》选材时，引导学生善于观察生活、发现生活，"写作源于生活"，生活便是我们的素材库，更为重要的是，引导学生在思考问题时可以开阔我们的眼界，打开格局，聚焦时政热点，发现社会现象，启发学生思考，在行文时，传播积极向上的正能量，引导学生树立正确的价值观。

三、思失：不足之处

1.课堂上没有部分学生的发言做出鼓励性的评价；评价性语言不够生动，没有调动学生的学习积极性。

2.对学生回答不够准确的情况时，没有抓住时机进行追问，引导思考。

3.任务一中活动环节逻辑性不够严密，活动较为零散。

4.在逆向辩证思维的引导思考时，浅尝辄止，没有深入挖掘，充分调动学生思考，给学生足够思考空间，未能实现举一反三，收效不显著。

四、思改：改进措施

第一，在课堂教学中，鼓励学生积极发言，在学生发言时，教师要学会发现学生的亮点，给予反馈和鼓励性评价，提升学生的学习积极性。

第二，在教学中应充分发挥教师的引导作用和学生的主体作用，使学生在课堂上能主动思考问题。尤其是在"逆向辩证"思考，这一教学重难点上，更应充分发挥教师的引导作用，在课堂互动中，锻炼学生的高阶思维能力，为思辨性写作奠定基础。

第三，教学活动衔接不足，应调整活动环节的顺序，增强活动的整体性。在第一任务中，对照评分表中"符合题意""中心突出"等要求，明确写作中素材偏离主题的选材误区，进而深入聚焦探析，发现选材单一、内容空泛的问题。